SOCIAL MEDIA MARKETING & DU 2022

Schritt für Schritt für mehr Reichweite,
Neukunden Mitarbeiter & Umsatz auf Facebook, Instagram,
YouTube, LinkedIn, Twitter, TikTok, Snapchat und Pinterest

MICHAEL SCHWARZ

Inhaltsverzeichnis

Einleitung

Marketing muss so anziehend sein, dass uns die Leute in ihrem Leben haben wollen.

- Jim Stengel

Liebe*r Leser*in,

ich freue mich sehr darüber, dass Du Dich für den Erwerb dieses Ratgebers entschieden hast und Du Dich gezielt mit der Thematik des Social Media Marketings befassen möchtest. Ein Thema, an dem Du ohnehin kaum noch vorbeikommst – denn die sozialen Medien sind heutzutage in aller Munde. Nahezu jeder Mensch ist mittlerweile jeden Tag in den unterschiedlichsten sozialen Netzwerken aktiv, was sie zu immer bedeutsameren Marketinginstrumenten für Unternehmen werden lässt. Auf der ganzen Welt nutzten 2021 knapp 4.9 Milliarden Menschen das Internet. Menschen, die es ganz gezielt mit unterschiedlichen Maßnahmen anzusprechen gilt. So konnte Facebook beispielsweise 2021 knapp 2.91 Milliarden Nutzer*innen monatlich verzeichnen, während es bei Twitter 211 Millionen aktive Nutzer*innen tagtäglich waren. Auch Instagram kann sich mit seinen 1.074 Milliarden monatlich aktiven Nutzer*innen durchaus sehen lassen und sollte demnach nicht vernachlässigt werden. Die Zahlen der Nutzer*innen, die in den sozialen Medien aktiv sind, zeigen ganz klar, dass es für Unternehmen mehr denn je von Bedeutung ist, sich selbst ebenfalls in den sozialen Medien aufzustellen und das eigene Unternehmen zu repräsentieren.

Viele Unternehmen haben schon jetzt das Potenzial und die Relevanz aufgrund der stetig ansteigenden Nutzungszahlen erkannt und sind sich darüber im Klaren, dass es in der heutigen Zeit eben nicht mehr ausreichend ist, lediglich E-Mail-Marketingsaktionen zu betreiben und eine eigene Homepage zu pflegen. Vielmehr geht es mittlerweile darum, den richtigen Absatzkanal zu finden und eine dementsprechende Strategie zu entwickeln, um die gesetzten Ziele erreichen zu können und sich auch in den sozialen Medien einen Namen machen zu können.

Die sozialen Medien geben diesbezüglich drei ganz entscheidende Potenziale an die Hand, denn sie lassen Dich nicht nur innerhalb kürzester Zeit diverse Informationen weitergeben, sondern ermöglichen Dir auch die Datenerhebung sowie Marktforschung und eine erhebliche Reichweite, mit der es Dir sogar gelingen kann, ganz gezielt Kosten einzusparen. Denn legst Du Deine Strategie für die sozialen Medien effektiv aus und erreichst dementsprechend auch Deine richtige Zielgruppe, so wirst Du künftig kein Geld mehr dafür aufwenden müssen, Kontakte zu erreichen, die ohnehin nicht zu Deinen Kund*innen werden, da sie schlichtweg nicht Deiner Zielgruppe angehörig sind. In dieser Konsequenz stellt sich also die Frage auf, welche Chancen und Risiken womöglich mit dem Social Media Marketing für Dich einhergehen. Allumfassend wirst

Du alle wichtigen Informationen rund um die Thematik de Social Media Marketings kennenlernen. Du wirst erfahren, was es mit dem Social Media Marketing eigentlich auf sich hat, welche Bestandteile es besitzt, in welche Arten es sich aufteilt, was ein Social Media Marketing-Plan ist, mit welchen Kosten Du rechnen kannst und welcher zeitliche Aufwand auf Dich zukommen wird. Auch wirst Du erfahren, welche Vorteile das Social Media Marketing für Dich mit sich bringt. In einem weiteren Kapitel werden wir uns mit dem Social Media Marketing und dessen Hintergründen beschäftigen. Wir werden tiefer darauf eingehen, welcher Zusammenhang zwischen dem Social Media Marketing und der Kund*innenbindung besteht, wie die Effektivität des Social Media Marketings sich gestaltet, warum Du es unbedingt nutzen solltest und für wen es sich besonders lohnt, welche Förderungen es für das Social Media Marketing gibt und welche Ziele Du damit verfolgen kannst.

Außerdem wirst Du in diesem Ratgeber lernen, worauf Du hinsichtlich Deiner Zielgruppe und dem entsprechend zu wählenden Kanal achten solltest. Zudem wirst Du das Social Media Marketing in der Praxis kennenlernen und erfahren, wie Du eine Social Media Marketing Strategie entwickeln kannst, die garantiert erfolgreich ist, wie Dir der Einstieg in das Social Media Marketing grundsätzlich gelingt, welche Kennzahlen hiermit in Verbindung stehen und wie genau Du Deinen Erfolg messen kannst.

Zuletzt wirst Du umfassende Informationen darüber erhalten, welche rechtlichen Rahmenbedingungen beim Social Media Marketing vorherrschend sind und welche größten Herausforderungen sich Dir hierbei stellen können. Somit wirst Du alles erlernen, was Du im Zusammenhang mit dem Social Media Marketing wissen musst, um es erfolgreich für Dich und Deine eigenen Ziele anwenden zu können und Du so zu einer größeren Reichweite, mehr Kund*innen und einem größeren Umsatz gelangen kannst. Nun wünsche ich Dir aber viel Spaß und Freude beim Umsetzen der vielen Informationen und Tipps!

Dein Michael

Menschen shoppen und lernen komplett anders als vor ein paar Jahren. Deshalb müssen Marketer sich anpassen oder sie riskieren, unterzugehen.

- Brian Halligan

Was ist Social Media Marketing überhaupt?

Marketing ist die Kunst, Chancen aufzuspüren, sie zu entwickeln und davon zu profitieren

- Philip Kotler

Das Social Media Marketing, welches gerne auch mit SMM abgekürzt wird, ist dem Online-Marketing zugehörig. Im Grunde genommen geht es bei dem Social Media Marketing darum, ganz gezielt Inhalte zu erstellen, die das Ziel verfolgen, auf den unterschiedlichsten Plattformen der sozialen Medien, so beispielsweise auf Facebook, Instagram und Co. Aufmerksamkeit bei potenziellen Neukund*innen zu wecken und ihr Interesse auf das eigene Unternehmen und die angebotenen Dienstleistungen und Produkte zu ziehen. Darüber hinaus ermöglicht das Social Media Marketing die direkte Kommunikation mit den Nutzer*innen, das Interagieren mit Kommentaren, die Beantwortung direkter Anfragen sowie nicht zuletzt auch die Verarbeitung jeglicher Beschwerden und möglichen Feedbacks. Nicht selten sorgt das Social Media Marketing bei potenziellen Kund*innen auch dafür, dass die Zufriedenheit nachhaltig verbessert werden kann, da eine direkte Kontaktaufnahme mit dem Unternehmen möglich ist. Der Content, sprich die Inhalte, des Social Media Marketings werden dabei möglichst einzigartig gestaltet und speziell auf die entsprechende Plattform angepasst, auf der die Inhalte geteilt werden sollen. Um das Social Media Marketing dabei möglichst „gut" betreiben zu können, werden die Inhalte kreativ gestaltet, um so bei der zu erreichenden Zielgruppe gewisse Mehrwerte zu schaffen und die eigenen Lösungen repräsentieren zu können. Besonders entscheidend ist hierbei, wie der Content inhaltlich ausgestaltet wird. Dies schließt auch ein, dass die Inhalte möglichst grafisch aufgearbeitet werden, um so nicht nur der Plattform, sondern eben auch der Zielgruppe zu entsprechen. Gelingt dies einem Unternehmen, so ist die Wahrscheinlichkeit sehr hoch, dass die Zielgruppe ihm seine Aufmerksamkeit schenkt.

Der Nutzen, der hinter dem Social Media Marketing steht, ist somit also ganz klar: Die Bekanntheit der Marke wird maßgeblich erhöht und eine Verbesserung der Konversionsraten erzielt.

Aufgrund der zunehmend steigenden Zahlen an Nutzer*innen der sozialen Medien haben sich diese in Unternehmen über die letzten Jahre hinweg fest verankert und als Marketingkanal erheblich an Bedeutung gewonnen.

Die Einsatzfelder des Social Media Marketings

Entsprechend den Zielen, die Du mit dem Social Media Marketing verfolgst, gibt es unterschiedliche Ansätze und Methoden, die Du hierfür anwenden kannst. Welche dies sind, erfährst Du in diesem Kapitel.

Das Content Marketing

Wenn Du Deine Kampagnen erfolgreich gestalten möchtest, solltest Du darauf achten, dass sie eine Geschichte erzählen – und zwar während der gesamten Kommunikation. Und genau an diesem Punkt setzt das Content Marketing an, denn Du kannst jegliche guten Inhalte problemlos mittels der sozialen Medien verlängern. Aufgrund dessen, dass die unterschiedlichen Plattformen ihre eigenen Formate verlangen, ist es notwendig, dass Du Dich diesen hinsichtlich der zu verwendenden Hashtags und auch der Länge des Textes Deines Contents anpasst. Arbeitest Du hier mit dem Storytelling, so ist es empfehlenswert, dass Du es in knapper Form verfasst – allerdings so, dass Du das Interesse der

Nutzer*innen auf Dich ziehst. Was hierbei besonders spannend ist, ist, dass Du Inhalte einmal erstellen und sie dann auf die unterschiedlichen Plattformen anpassen und dort einplanen kannst. Es ist sogar möglich, dass Du hierbei auch auf ältere Inhalte zurückgreifst und diese noch einmal nutzt. Auf diese Weise sparst Du Dir Kosten und kannst dennoch die Kommunikation, die in den sozialen Medien stattfindet, verbessern. Kaum verwunderlich also, dass Content- und Social Media Marketing häufig miteinander einhergehen.

Das Influencer Marketing

Das Influencer Marketing stellt einen großen Teil des Social Media Marketings dar. Hierbei geht es darum, die Reichweite und die Profile von Persönlichkeiten zu nutzen, die sich bereits etablieren konnten. Dies kann dabei helfen auf den unterschiedlichsten Kanälen Vertrauen zu bilden und folglich die Reichweite zu erhöhen und die Verkäufe zu steigern. Das wohl entscheidendste an dem Ganzen ist dabei, den / die richtige*n Influencer*in zu finden, die zum eigenen Unternehmen passt und Deine Botschaft ideal verkörpern kann. Dabei musst Du gar nicht zwingend auf eine*n Influencer*in zugehen, der / die bereits Millionen an Follower*innen zu verzeichnen hat, sondern kannst durchaus auch mit kleinen Nischen Influencer*innen kooperieren. Um die Influencer*innen-Kampagnen letztlich wirklich wirksam gestalten zu können, ist es wichtig auf eine kontinuierliche Kontaktpflege, auch Influencer Relations genannt, sowie ein planvolles Vorgehen zu setzen.

Die Social Ads

Die Werbung in den sozialen Medien, sprich Paid Media, stellt einen überaus relevanten Baustein der Marketing-Strategie dar. Dies liegt nicht nur daran, dass sie virale Effekte ergänzen können, sondern auch daran, dass Deine eigenen Inhalte zu einer höheren Reichweite gelangen. Der Großteil der Einnahmen, die die meisten Plattformen heutzutage generieren, entsteht aufgrund von Anzeigen und eine technische Beschränkung der organischen Reichweite.

Damit die Awareness größtmöglich ausfallen kann, ist es mittlerweile unabdingbar, ein Pushen der eigenen Beiträge mithilfe von Anzeigen vorzunehmen.

Außerdem handelt es sich bei Social Ads über ein überaus adäquates Mittel, eine gezielte Zielgruppenansprache vornehmen und neue Kund*innen für das Unternehmen gewinnen zu können. Zeitgleich geht hiermit dementsprechend auch ein minimaler Streuverlust einher, da die Inhalte der Anzeigen fokussiert ausgerichtet werden können. Folglich können die werbebezogenen Ausgaben dafür sorgen, dass die Umsätze um ein Vielfaches ansteigen. Insbesondere bei B2C-Ansprachen, sprich der direkten Ansprache Deines Unternehmens an die Endkund*innen, kannst Du die Nutzer*innen der Plattformen, denen Deine Anzeigen angezeigt werden, dazu triggern, Impulskäufe zu tätigen.

Eins sollte dabei aber keineswegs beschönigt werden – denn die Beschränkungen, die die Plattformen der unbezahlten Reichweite auferlegen, werden schlussendlich nie wirklich verschwinden. Vielmehr wird es im Laufe der Zeit wohl dazu kommen, dass die Beschränkungen sich immer mehr ausweiten werden. Genau dies ist aber auch der Grund dafür, dass es so bedeutsam ist, die Werbung in den sozialen Medien zu schalten. Denn wenn Du wirklich eine Reichweite aufbauen möchtest, die von Relevanz ist, so sind gesponserte Inhalte für Dich schlichtweg unumgänglich.

Das Social Listening

Auf kaum einem anderen Medium teilen die Nutzer*innen ihre Meinung so offenkundig, wie sie es in den sozialen Medien tun. Genau dies ist allerdings auch ein Aspekt, den Du Dir als Unternehmen ganz gezielt zunutze machen kannst, um stets im Blick behalten zu können, wie Dein Image eigentlich von außen wahrgenommen wird. Dies ermöglicht es Dir schon frühestmöglich Probleme und Schwächen zu erfahren, die Deine Dienstleistungen und Produkte womöglich mit sich bringen. Demzufolge erhältst Du so einen Zugang zu den Bedürfnissen sowie auch Wünschen, die Deine Zielgruppe pflegt.

Hast Du diese Einblicke erst einmal für Dich gewinnen können, ist es Dir möglich, Dein Content Marketing ganz gezielt auszurichten und Deine potenziellen Kund*innen mit genau den Inhalten zu versorgen, gegenüber denen sie interessiert sind. Es gibt diverse Social Listening Tools, die Dir zur Verfügung stehen, um eine Analyse der Konkurrenz, des Marktes sowie auch Deiner Zielgruppe vorzunehmen. Auch hast Du mit diesen Tools zumeist die Möglichkeit, ganz genau zu beobachten, welche Themen für Deine Zielgruppe interessant sein können. Letzteres geschieht dabei anhand von Hashtags, Mentions sowie auch Stichworten mit einer Bewertung. Jene Insights sind für Dich unglaublich wichtig, damit Du Deine Firmenstrategie und Deine Produkte entwickeln und Deinen Service bestmöglich optimieren kannst.

Das Social Selling

Das Ziel des Social Selling besteht darin, persönliche Beziehungen aufzubauen und ganz gezielt Hilfestellungen zu unterbreiten, um auf diese Weise zu einer Verstärkung der Bindung an Dein Unternehmen zu sorgen. Sämtliche Informationen, die Du im Rahmen des Social Sellings über die Aktivitäten, denen Deine Wettbewerber*innen nachgehen, sowie auch Informationen zu Deiner Zielgruppe erlangst, kannst Du unterstützend für die Entwicklung Deiner Produkte und deren Vertrieb nutzen. Insbesondere dann, wenn Du im B2B-Bereich agieren möchtest, wirst Du in den sozialen Medien auf eine Vielzahl an wirksamen Argumenten und Informationen stoßen, die für Dich in einem Verkaufsgespräch sowie auch einer Verkaufsstrategie überaus hilfreich sein können.

Das Social Selling lässt sich mitunter bei Bewertungen von Produkten und deren Verbesserungsvorschlägen anwenden. Auch kannst Du es dann nutzen, wenn Du feststellst, dass potenzielle Kund*innen mit gewissen Eigenschaften eines Produktes, welches Deine Konkurrenz veräußert, unzufrieden sind. Dieses Wissen kannst Du effektiv dafür nutzen, um Deine eigenen Produkte dementsprechend zu verbessern und beim Verkauf demnach auch besser argumentieren zu können. Schließlich kannst Du auf diese Weise Deinen Kund*innen genau die Dinge bieten, die sie eigentlich suchen. Nicht zuletzt lässt sich das Social Selling allerdings auch nutzen, um Kund*innen zu animieren, ein gewisses Produkt zu erwerben.

Der User-generated Content

Die Nutzer*innen der sozialen Medien generieren fortlaufend Inhalte, die Du ideal für Dein Marketing verwenden kannst. Nicht selten individualisieren und teilen die Nutzer*innen die Botschaften von bestimmten Marken. Dies kannst Du aber auch gezielt anstreben, indem Du Gewinnspiele, Wettbewerbe und andere Kampagnen veranstaltest, um die Nutzer*innen so dazu zu motivieren, Postings und Videos zu erstellen, die sich rund um Dein Unternehmen drehen, diese mit entsprechenden Hashtags zu versehen und sie auf diversen Kanälen zu teilen. Kaum verwunderlich also, dass es Dir auf diese Weise gelingen kann, Deine

Reichweite zu vergrößern. Des Weiteren entsteht durch den User-generated Content der große Vorteil, dass die Nutzer*innen sich mit den Inhalten identifizieren können, woraus eine gewisse Authentizität resultiert. Zudem können auch Bewertungen, Beiträge in Foren, kleine Spiele und Umfragen effektive Mittel darstellen, mit denen Du Dir die Reichweite zunutze machen kannst, die die einzelnen Nutzer*innen besitzen.

Das virale Marketing

Es gibt eine natürliche Funktion in den sozialen Medien, die Du Dir mithilfe von gut platziertem Content zunutze machen kannst – denn Nutzer*innen teilen gerne gute Inhalte. Das Teilen erfolgt dabei zumeist nicht nur auf der gleichen Plattform, sondern sogar darüber hinaus kanalübergreifend zwischen sozialen Netzwerken, nicht selten aber auch auf Blogs und in Foren. Gelingt es Dir erst einmal, einen oder sogar mehrere Posts so zu gestalten, dass sie von Nutzer*innen gerne geteilt werden und somit „viral gehen", steigt Deine Awareness und Reichweite exponentiell und bestenfalls folglich auch gleich die Anzahl Deiner Verkäufe.

Damit Dir dies gelingt, solltest Du einen großen Wert darauflegen, Deine Botschaften ungewöhnlich zu gestalten oder eine entsprechende Bildsprache in Kombination mit ansprechenden Überschriften oder gar Handlungsaufforderungen, gerne auch als call to action bezeichnet, mit einer emotionalen Ansprache. zu verwenden.

Fakt ist: Je emotionaler und überraschender Deine Inhalte für die Nutzer*innen sind, desto häufiger werden sie sie teilen. Unter dem Einsatz von gedruckten Flyern oder T-Shirts, auf denen Du einen QR-Code aufdrucken lässt, kann Dir dies sogar medienübergreifend gelingen.

Die Arten des Social Media Marketings

Das Social Media Marketing lässt sich grundsätzlich in zwei Strategieformen unterscheiden. So gibt es zum einen das passive Social Media Marketing und zum anderen das proaktive Social Media Marketing. Das passive Marketing wird dabei innerhalb jedes Marketings als ein unverzichtbarer Bestandteil angesehen.

Doch was bedeutet das passive Social Media Marketing und was genau hat es mit dem proaktiven Social Media Marketing eigentlich auf sich?

Beim passiven Social Media Marketing geht es in erster Linie darum, Inhalte zu nutzen, die von fremden Nutzer*innen erstellt wurden, um mit diesem zum Erreichen der eigenen Ziele beizutragen. Dabei erfasst und wertet ein sogenanntes Monitoring all die Aktivitäten aus, die die Nutzer*innen und Marktbegleiter*innen ausüben. Die Daten, die aus diesem Monitoring hervorgehen, dienen als zusätzliche Informationen, die Anwendung finden, wenn es darum geht, operative und strategische Entscheidungen zu fällen.

Das proaktive Social Media Marketing hingegen befasst sich mit eigenes produzierten sowie auch nutzergenerierten Inhalten, erzeugt diese und verteilt sie weiter. Auch dies dient dem Zwecke des Erreichens der Unternehmensziele. Allerdings fallen für ein proaktives Social Media Marketing auch einige Dinge an. So ist es notwendig, eine Budgetierung vorzunehmen, Ressourcen einzubringen sowie nicht zuletzt auch die Organisation von unterschiedlichen Kanälen anzustreben, um folglich eine Erhöhung der Reichweite generieren zu können.

Die Kosten des Social Media Marketings

Ob Du für das Social Media Marketing Geld aufwenden möchtest und in welcher Höhe ist letztlich eine Entscheidung, die Du für Dich selbst unter Berücksichtigung Deiner zu verfolgenden Ziele treffen musst. Denn im Grunde genommen ist es durchaus möglich, das Social Media Marketing kostenlos anzustreben – Du kannst allerdings auch einiges an Budget in diesen Bereich investieren.

Gibst Du kein Geld für Anzeigen aus, so ist Dein Social Media Marketing im Grunde genommen erst einmal kostenlos. Das Einzige, was hier für Dich anfallen wird, sind Energie und Zeit. Planst Du hingegen Fotos von professionellen Fotograf*innen und Designs von Grafiker*innen erstellen zu lassen, so ist dies schlussendlich für Dich auch mit Deinen ersten Ausgaben verknüpft.

Ist in Planung, dass Du das Social Media Marketing an speziell darauf ausgerichtete Agenturen überträgst, da Dir selbst schlichtweg das Know-How hierfür fehlt und Du effektive Werbeanzeigen in den sozialen Medien schalten möchtest, so kannst Du gut und gerne einen fünf- bis gar sechsstelligen Preis für Dein jährliches Budget hierfür einkalkulieren.

Um Dir die Kosten der Werbeanzeigen noch etwas genauer zu erläutern: Welche Kosten im Detail anfallen ist insbesondere davon abhängig, welche Art der Werbung Du wählst, welchen Artikel beziehungsweise welche Dienstleistung Du bewerben möchtest und dem Ort. Die Kosten richten sich dabei nach der Anzahl der Klicks auf Dein Angebot. Um Dir hier einen Referenzwert zu nennen – Facebook veranschlagt für jeden Klick auf Deine Anzeige beispielsweise einen Preis von etwa 50 Cent. Setzt Du Dir also beispielsweise ein Budget für Anzeigen in Höhe von 500 Euro, während Facebook in Deinem Fall einen Preis von 45 Cent pro

Klick veranschlagt, so wirst Du in der Konsequenz bis zu 1.111 potenzielle Kund*innen erreichen können. Suchen von diesen potenziellen Kund*innen nun zwei Prozent Dein Unternehmen auf oder entschließen sich zu einem Kauf Deiner Dienstleistung beziehungsweise Deines Produktes, so kannst Du dementsprechend 22 Neukund*innen verzeichnen. Dies wiederum bedeutet für Dich, dass Dich jeder einzelne dieser Neukund*innen in etwa ein Investment in Höhe von jeweils 23 Euro gekostet hat.

Am besten ist es, wenn Du vor dem Schalten der Werbeanzeigen genau kalkulierst, ob sich ein Investment in Werbeanzeigen für Dich lohnt.

Der Zeitaufwand

Als Faustregel kannst Du für das Social Media Marketing tagtäglich einen Zeitaufwand von etwa einer Stunde je Kanal einkalkulieren – und zwar jeden Tag, unabhängig davon, ob es sich nun um Feiertage oder das Wochenende handelt und eben so auch zu genau der Zeit, an der sich Deine Zielgruppe am meisten aktiv in den sozialen Medien aufhält. Die tägliche Einsatzdauer kann allerdings in Abhängigkeit zu Deinem Produkt, der zu bespielenden Plattform und Deiner zu erreichenden Zielgruppe durchaus variieren.

Möchtest Du einen YouTube-Kanal pflegen, so wird sich dies für Dich in der Regel recht simpel gestalten. Hier ist es vollkommen ausreichend, wenn Du täglich etwa drei Mal nachsiehst, welche Kommentare die Nutzer*innen unter Deinen Videos verfasst haben und dementsprechend mit ihnen zu interagieren. Im Gegensatz dazu kann das Erstellen eines Videos, der Schnitt sowie nicht zuletzt auch die Planung mitunter einige Tage Deiner Zeit kosten. Bei Facebook wiederum gestaltet sich das Ganze ein wenig anders, denn Expert*innenschätzungen zufolge erreichen lediglich zehn Prozent Deiner Zielgruppe wirklich die Postings, die Du für sie verfasst. Wenn Du also täglich jeweils einen Post verfasst, so wird Deine Zielgruppe lediglich einmal wöchentlich in Berührung mit Deinem Unternehmen kommen. Facebook bietet Dir allerdings die Möglichkeit, dass Du Deine Postings bereits im Voraus für einige Tage planst, sodass Du sie nicht immer aktiv täglich posten musst, sondern Facebook dies für Dich zu den geplanten Uhrzeiten automatisch übernimmt.

Möchtest Du Dir auf Twitter mit Deinem Unternehmen ein Gehör verschaffen, so wirst Du nicht umherkommen, eine rege Präsenz an den Tag zu legen. Bei Pinterest solltest Du ein Minimum von fünf Boards pflegen, bei denen Du auf jedem Board mindestens 50 Pins ansammelst. Diese solltest Du jeden Tag um weitere 5 Pins erweitern. Ein weiterer Faktor, der den Zeitaufwand maßgeblich beeinflusst, ist auch die Anzahl Deiner Follower*innen. Das bedeutet, je mehr Nutzer*innen Dich verfolgen, desto mehr Kommentare wirst Du erhalten, auf die Du möglichst zeitnah ansprechen solltest. Eine genaue Bezifferung des ganz konkreten Zeitaufwandes ist allerdings nicht möglich, denn jedes Unternehmen ist anders. Je nachdem, welches Geschick Du an den Tag legst und welchen Kanal Du konkret nutzt, sind die Werte nämlich sehr variabel. Um Dir dennoch einen groben Überblick zu bieten:

- Wöchentlicher Zeitaufwand für den Aufbau einer Community pro Kanal: etwa 8 bis 10 Stunden
- Wöchentlicher Zeitaufwand der Veröffentlichung von Inhalten: etwa 3 bis 5 Stunden
- Täglicher Zeitaufwand für das aktive Agieren auf einer Plattform, beispielsweise das Beantworten von Kommentaren: etwa 30 Minuten bis 1 Stunde
- Täglicher Zeitaufwand für das Teilen von Inhalten: etwa 30 Minuten
- Täglicher Zeitaufwand für das Entdecken und Verfolgen von Neuigkeiten sowie Trends, die von Relevanz sind: etwa 15 bis 30 Minuten

Neben dem Social Media Marketing solltest Du allerdings auf keinen Fall das übrige Online-Marketing sowie die klassischen Kanäle in Vergessenheit geraten lassen. Behalte immer im Hinterkopf, dass das Social Media Marketing Dich einiges an Zeit kosten wird, bevor es die ersten Wirkungen zeigt und es durchaus sehr arbeitsintensiv ist. Vor diesem Hintergrund kann es durchaus ein adäquater Weg sein, lieber Profis damit zu beauftragen, Deine Social-Media-Kanäle aufzubauen und sie zu pflegen.

Die Vorteile des Social Media Marketings

Gute Marketer erkennen, dass Marketing kein Kostenfaktor ist, sondern ein Investment.

- Seth Godin

Es gibt eine Vielzahl an Vorteilen, die ganz klar dafür sprechen, das Social Media Marketing für Dein eigenes Unternehmen anzuwenden und daraus zu profitieren.

- **Deine Marke wird bekannter.**

In Deutschland nutzen mehrere Millionen Nutzer*innen die sozialen Medien. Bei den Nutzer*innen im Alter von 14 bis 29 Jahren verzeichnet allein Instagram bereits eine Reichweite von 80 Prozent. Du siehst also bereits, dass es Dir über die sozialen Medien gelingen kann, einen großen Teil an Menschen zu erreichen. Umso bedeutsamer ist es dementsprechend, dass Du selbst mindestens eine Social Media-Plattform nutzt, um dort sowohl Inhalte über Dich selbst als auch gleichermaßen über Dein Produkt zu übermitteln. Auf diese Weise kann es Dir gelingen, den Bekanntheitsgrad Deiner Marke maßgeblich zu erhöhen. Aufgrund des Umstandes, dass die in den sozialen Medien stattfindenden Interaktionen mit den Nutzer*innen sich sehr rege gestalten, steuern die sozialen Medien einen erheblichen Beitrag zu der Bekanntheit Deiner Marke bei. Zu den Interaktionen gehören in diesem Zusammenhang mitunter Kommentare, Likes, Reposts und Shares. Ein nicht zu unterschätzender weiterer Vorteil, der bezüglich Deiner Markenbekanntheit mit den sozialen Medien einhergeht, besteht darin, dass Du die Nutzer*innen der sozialen Netzwerke direkt auf Deine eigene Webseite lotsen kannst. Am besten gelingt Dir dies, indem Du eine Platzierung des Links zu Deiner Webseite an einer möglichst optimalen Stelle einbaust – dies kann entweder Dein eigenes Profil sein, gleichermaßen aber auch Deine Beiträge sowie Dein Steckbrief.

- **Du generierst Leads und verbesserst die Konversionsrate.**

Wenn Du die sozialen Medien für Dich nutzt, um auf ihnen ein Bewerben und Teilen Deiner eigenen Produkte vorzunehmen, so wirst Du ganz automatisch bereits die richtige Zielgruppe erreichen können – und genau dies sind eben jene Personen, die Deinem Account ohnehin bereits folgen und somit ein gewisses Interesse an Deinem Unternehmen pflegen. Dementsprechend sind die sozialen Netzwerke ideal dafür geeignete, dass Du mehr Leads generierst, eine verbesserte Konversionsrate erzielst und folglich auch Dein Umsatz höher ausfällt.

Es gibt diverse Wege, wie es Dir in den sozialen Medien gelingen kann, noch mehr Leads zu generieren als es ohnehin bereits der Fall ist. Hierzu gehören beispielsweise die Promotion für bestimmte Angebote, das Veranstalten von Gewinnspielen, das Veranstalten von Livestreams sowie auch der Verkauf Deiner Produkte.

- **Die Promotion für bestimmte Angebote**

Du kannst in Deinen Postings ganz gezielt Angebote bewerben, die Du anbietest.

- **Das Veranstalten von Gewinnspielen**

Gewinnspiele eigenen sich besonders gut für Besucher*innen sowie auch Follower*innen Deines eigenen Profils. Du kannst in diesem Zusammenhang Nutzer*innen dazu auffordern, Follower*in Deines Profils zu werden, um auf diese Weise am Gewinnspiel teilnehmen zu können.

- **Das Veranstalten von Livestreams**

Livestreams sind eine ideale Möglichkeit, um anzukündigen, dass Du neue Produkte in Dein Sortiment aufnehmen wirst. Ebenso eignen sie sich optimal, wenn Du darüber berichten möchtest, welche spannenden Neuigkeiten es in Deinem Unternehmen gibt.

- **Der Verkauf von Produkten**

In diversen sozialen Netzwerken bietet sich Dir die Chance, einen Shop oder eine Shopfunktion in Deinem Profil einzubinden. Diese Funktion ermöglicht es den Leuten, die auf Deinen Post kommen, die Produkte anzuklicken, die Du geteilt hast, um auf diese Weise weitere Informationen darüber zu erhalten. Diese Informationen können dabei die Größe, das Material sowie auch den Preis umfassen. Darüber hinaus wird den Nutzer*innen die Möglichkeit geboten, das Produkt direkt zu erwerben und es auch gleich über die entsprechende Plattform zu bezahlen.

- **Du kannst Deine Zielgruppe ganz gezielt erreichen.**

Das Social Media Marketing ermöglicht es Dir nicht nur, in einen direkten Dialog mit Deinen Follower*innen zu treten, sondern auch Deine Zielgruppe ganz gezielt anzusprechen. Auf diese Weise hast Du weniger Streuverluste zu verzeichnen, die aufgrund dessen entstehen, dass Du

Leute erreichst, die nicht Deiner Zielgruppe angehörig sind, und kannst Dir infolgedessen einiges an Kosten einsparen.

- **Du kannst die Beziehungen zu Deinen Kund*innen pflegen.**

Trittst Du über die sozialen Medien mit Deinen Follower*innen in Kontakt und interagierst mit ihnen, so sorgt dies dafür, dass zwischen ihnen und Dir eine dauerhafte Beziehung entsteht. Dementsprechend solltest Du großen Wert darauf legen, mit den Beiträgen, die Deine Follower*innen verfassen, zu interagieren, auf ihre Fragen und Kommentare einzugehen und ihnen helfend zur Seite zu stehen.

Auch ist es wichtig, dass Du in diesem Zusammenhang das Vertrauen Deiner Follower*innen gewinnst. Dies kann Dir mitunter gelingen, indem Du sie wissen lässt, dass Dir ihr Feedback wichtig ist und Du es zu schätzen weißt, dass Dich Deine Follower*innen unterstützen. Zudem kann es hilfreich sein, wenn Du Deine Follower*innen direkt ansprichst und fragst, ob sie womöglich vor Herausforderungen stehen. Weiterhin kannst Du die Beziehungen zu Deinen Follower*innen pflegen, indem Du hin und wieder auch Gewinnspiele und Verlosungen veranstaltest, um Deinen Follower*innen das Gefühl der Wertschätzung entgegenkommen zu lassen.

Da hier einige Aspekte anfallen können, die Du berücksichtigen solltest, kann es lohnenswert sein, wenn Du den Service, denen Du Deinen Kund*innen entgegenbringst, auch auf die sozialen Medien ausweitest, um den direkten Austausch und Dialog sowohl mit Neu- als auch mit Bestandskund*innen zu ermöglichen.

- **Du kannst von Deiner Konkurrenz lernen.**

Das mag sich im ersten Moment vielleicht etwas merkwürdig für Dich anhören – aber Du kannst den Umstand, dass Deine Konkurrenz die sozialen Medien ebenso nutzt, durchaus für Dich nutzen. So erfährst Du, welche Social Media-Taktiken sie anwenden und auf welche Weise Deine Mitbewerber*innen ihre eigenen Produkte eigentlich bewerben. Du kannst erfahren, welche Kampagnen sie nutzen und in welchem Maße sie in die Interaktion mit ihren eigenen Follower*innen gehen. Dies bietet Dir den großen Vorteil, von Anfang an herauszufinden zu können, was bei anderen eigentlich funktioniert und was womöglich auch nicht. Auf diese Weise kannst Du Handlungsstrategien für Dich selbst ableiten und eine bereits bestehende Social Media-Strategie womöglich sogar noch anpassen.

Also vergleiche immer den Marketingansatz, den Du auf Deinem eigenen Social Media Account verfolgst mit dem Deiner Konkurrenz. Diesbezüglich solltest Du natürlich auch dafür sorgen, dass die Inhalte, die Du für Dein Marketing nutzt, sich von denen Deiner Konkurrenz abheben und Du Deine Marke einzigartig repräsentierst.

Weitere Vorteile, die für Dich im Zusammenhang mit dem Social Media Marketing entstehen, sind beispielsweise die Erhöhung der Reichweite innerhalb der bereits bestehenden Gruppen an Kund*innen und Zielpersonen. Auch ist es Dir möglich, eine nachhaltige Steigerung der Markenloyalität zu erzielen – und zwar sowohl bei bereits bestehenden Kund*innen als auch bei jenen, die es potenziell in der Zukunft noch werden. Darüber hinaus ermöglicht Dir das direkte Feedback, was Du in den sozialen Medien erhältst, Innovationen Deiner Produkte zu initiieren, ebenso wie auch neue Ideen für Inhalte zu sammeln und sie folglich gezielt in Deine Strategie einzubauen. Zudem besteht für Dich aufgrund des Social Media Marketings der große Vorteil, dass Du eine gezielte Verbesserung Deines Beschwerdemanagements herbeiführen und direkt sowie auch persönlich mit Deiner Zielgruppe in die Kommunikation treten kannst. Nicht zuletzt ist es für Dich auch optimal, dass die Werbekampagnen, die Du auf den sozialen Medien anwendest, einer effektiven Auswertung, Optimierung und Umsetzung unterliegen, wodurch Du folglich eine nachhaltige Steigerung Deines Umsatzes erzielen kannst.

Das Social Media Marketing und die Hintergründe

Das beste Marketing fühlt sich nicht so an wie Marketing

- Tom Fishburne

In diesem Kapitel erfährst Du mehr über die Hintergründe, die hinter dem Social Media Marketing stehen, was neben der Kund*innenbindung auch die Effektivität, die Gründe für die Anwendung des Social Media Marketings, den Personenkreis, der das Social Media Marketing anwenden sollte, die Förderungen und die Ziele inkludiert.

Das Social Media Marketing und die Kund*innenbindung

Das Social Media Marketing stellt die Verbindung von finanziellen und zeitlichen Ressourcen dar. Für Dich ist es in diesem Zusammenhang wichtig, Dir selbst bewusst zu machen, dass Du noch so engagiert in den sozialen Medien sein kannst, dies aber gerade zu Beginn nicht sofort mit Resultaten einhergeht, die sich auf Deinem Unternehmenskonto bemerkbar machen.

Dennoch ist eine Messung der Erfolge, die Du verzeichnen kannst, durchaus schnell möglich – und zwar über das Verhalten der Nutzer*innen. In diesem Bezug solltest Du Dein Augenmerk also darauf richten, wie sich die Zahl Deiner Follower*innen im Laufe der Zeit verändert, welche Deiner Posts eine ungewöhnlich hohe Reichweite besitzen und wie oft die Nutzer*innen Deine Inhalte teilen.

Dies sind alles Daten, die Dir aufzeigen, wie Dir eine Verbesserung Deines Social Media Konzeptes gelingen kann und wie Du eine ideale Anpassung vornehmen kannst, sodass das Ganze den Bedürfnissen Deiner Zielgruppe entspricht.

Wichtig ist zu wissen, dass eine Vielzahl der Kund*innen es schätzt, wenn Marken und Unternehmen sich aktiv zeigen. Wenn Du also Wert darauf legst, so wirst Du schon bald feststellen können, dass neue Kund*innen zu Deinem Kundenstamm hinzustoßen werden und Dein Umsatz infolgedessen ebenso ansteigt. Dementsprechend ist es immer lohnenswert, dass Du nicht gleich aufgibst, wenn Du nicht binnen Stunden oder Tagen gleich die ersten Veränderungen erkennst, sondern dranzubleiben, Dir Deinen Social Media Kanal aufzubauen und somit auch Deine eigene Fangemeinde.

Stehst Du noch am Anfang des Social Media Marketings so empfiehlt es sich, dass Du Deinen Fokus zunächst auf Plattformen richtest, die nicht allzu aufwendig sind. Eine dieser Plattformen ist beispielsweise Twitter. Ebenso ist allerdings auch Facebook empfehlenswert, da dort nahezu jede*r vertreten ist. Solltest Du mit dem Ziel an das Social Media Marketing herangehen, kostenpflichtige Werbung zu schalten, so bietet sich kein soziales Netzwerk für Dich besser an als Facebook.

Die Effektivität des Social Media Marketings

Wie effektiv sich das Social Media Marketing für Dein Unternehmen auswirken kann, ist vor allem davon abhängig, wie gut Du die Aktivitäten im Griff hast. Denn setzt Du die Strategien, die Du planst, erfolgreich um, so wirst Du im Verlauf der Zeit feststellen können, dass Dein Traffic einem stetigen Wachstum unterliegt – und zwar insbesondere dann, wenn Du für Deine Anzeigen Geld investierst.

Darüber hinaus sorgst Du mit einem Social Media Kanal, den Du professionell betreibst dafür, dass es zu einer Stärkung Deiner Marke sowie nicht zuletzt auch einem Anstieg Deiner Umsätze kommt. Auch wirst Du zunehmend mehr über Deine eigene Kundschaft in Erfahrung bringen können, was ebenso auch ihre Bedürfnisse, Wünsche sowie Ziele einschließt. Das Wissen hierüber kann Dir auf lange Sicht dabei helfen, eine Verbesserung der Kommunikation zu erreichen.

Warum Du das Social Media Marketing nutzen solltest

Während der letzten Jahre kam es zu einer steigen Veränderung des Kauf- und Suchverhaltens von Konsument*innen. Gerade als Unternehmen gilt es in diesen Fällen auf Veränderungen zu reagieren und schon im Vorhinein daraus eingestellt zu sein, dass eine solche Veränderung eintreten kann.

Für Dich bedeutet es, dass Du bereits intern notwendige Schritte gehen musst, die Dir dabei helfen, trotz Veränderungen weiterhin auf der Höhe zu bleiben und weiterhin das Privileg genießen zu können, eine direkte und unkomplizierte Kommunikation mit Deinen Kund*innen sowie auch potenziellen Kund*innen zu führen. Ein entscheidender Aspekt, der in diesem Zusammenhang unbedingt in Deine Gedanken einfließen sollte, ist das Social Media Marketing.

Ein entscheidender Faktor, der maßgeblich zu der Relevanz beiträgt, besteht darin, dass die sozialen Medien sich zu einem festen Bestandteil des Alltages etabliert haben – sei es um kurz mit der Familie oder den Freund*innen zu kommunizieren, schnell ein Bild in den eigenen Account hochzuladen oder in den sozialen Medien nach Rezeptideen zu suchen.

Genau diese Aktivitäten sind allerdings keinesfalls mehr etwas Besonderes, sondern fester Teil des Alltages, wobei die Menschen tagtäglich auch zunehmend mehr Zeit in den sozialen Medien verbringen. Erkennst Du als Unternehmen eben jene Entwicklung nicht oder ignorierst sie womöglich einfach, so wird dies auf lange Sicht lediglich dazu führen, dass Du von der Bildfläche verschwinden wirst. Bedingt liegt dies darin, dass eine fehlende Platzierung an jenem Ort, wo sich Menschen heutzutage mit Informationen und Lösungen versorgen, lediglich dazu führt, dass die potenziellen Kund*innen sich für Deine Wettbewerber*innen und somit für Deine Konkurrenz entscheiden werden, wenn diese im Gegensatz zu Dir selbst aber in den sozialen Medien vertreten sein sollte.

Für wen sich das Social Media Marketing lohnt

Das Social Media Marketing kannst Du unabhängig von der Größe Deines Unternehmens anwenden. Demzufolge ist das Social Media Marketing für Dich mit einem kleinen oder mittelständischen Unternehmen ebenso wichtig, wie es bei einem marktführenden Unternehmen der Fall ist.

Eine Social Media Plattform stellt dabei die ideale und vor allem auch wichtige Möglichkeit dar, um sowohl Deine Dienstleistungen als auch Deine Produkte großflächig vermarkten zu können und von einer immensen Reichweite zu profitieren. Umso wichtiger ist es also, dass Du überall dort aktiv wirst, wo Du auf potenzielle Neukund*innen treffen kannst – und dazu zählen eben auch die sozialen Medien. Das Schöne daran ist, dass Du hierfür nicht einmal einen großen Geldbetrag in die Hand nehmen musst, sondern sich das Social Media Marketing auch bereits mit einem kleinen Budget sehr gut umsetzen lässt.

Die Förderungen für das Social Media Marketing

Die Digitalisierung wird sowohl durch den Staat als auch durch diverse weitere Anlaufstellen gefördert. Dementsprechend werden auch einige Fördermittel vergeben, die auch Du womöglich für Dein Social Media Marketing anwenden kannst. Zu den wichtigsten Förderprogrammen, die es in Deutschland gibt, gehören das BAFA Coaching, go-digital und das Vorgründungscoaching Bayern.

- **Das BAFA Coaching**

Durch das Bundesamt für Ausfuhrkontrolle und Wirtschaft, kurz BAFA, wird ein Förderprogramm angeboten, welches zur Förderung der konzeptionellen und strategischen Marketingarbeit online beiträgt. Hierzu gibt es ein Coachingprogramm, welches unter dem Namen „Förderung unternehmerischen Know-Hows" läuft. Hierzu wird ein Zuschuss gewährt, der die Beratungskosten, die sich auf maximal 4.000 Euro belaufen sollten, zu 50 Prozent übernimmt. Förderungsfähig sind hierbei auch die kleinen und mittelständischen Unternehmen im Hinblick auf die konzeptionelle und strategische Beratung zu dem Social Media Marketing.

- **go-digital**

Bei dem Förderprogramm mit dem Namen go-digital handelt es sich um ein Programm, welches durch das Bundesministerium für Wirtschaft und Energie, kurz BMWi, besteht. Es dient der Unterstützung von kleinen und mittelständischen Unternehmen, wenn es darum geht, abgestimmte Maßnahmen, die der Digitalisierung dienen, umzusetzen. Dies inkludiert dabei auch die Erschließung eines digitalen Marktes.

Wenn es Dir also darum geht, neue Kund*innen für Dich zu gewinnen und sie auch langfristig an Dich zu binden, um folglich zugleich auch eine Steigerung Deines Umsatzes zu erzielen, so kann go-digital Dich in einigen Aspekten zielgerichtet unterstützen. Hierzu gehören neben der Einführung in Social Media Tools zum Beispiel auch das Beanspruchen von Angeboten zur Beratung und Schulung bezogen auf das Social Media Marketing, das Etablieren von Inhalten auf den sozialen Plattformen, die Installation von Website-Monitoring und die Konzeption sowie das dementsprechende Umsetzen Deiner Social Media Marketing-Strategie.

In all diesen Themen stehen Dir akkreditierte Beratungsunternehmen zur Seite, um Dich sowohl konzeptionell als auch strategisch und bei der Umsetzung bestmöglich zu unterstützen. Als förderungsfähig gelten hierbei maximal 20 Tage der Beratung. Nicht förderungsfähig sind hingegen die Kosten, die für Investitionen, wie beispielsweise die Beschaffung von Software, anfallen.

- **Das Vorgründungscoaching Bayern**

Schon bevor Du Deinen Haupterwerb überhaupt gründest, ist es möglich, dass Du Dich als Gründer*in mit betriebswirtschaftlichen Themen befasst und eine Beratung durch eine*n externe*n Berater*in wahrnimmst, um mitunter auch zu Social Media-Strategien beraten zu werden. Die Beratungskosten, die hierbei anfallen, sind zu 70 Prozent förderfähig.

Die Ziele des Social Media Marketings

Beginnst Du mit dem Social Media Marketing so gibt es eine Vielzahl an Dingen, die Du unbedingt beachten solltest. Hierzu gehört mitunter auch die richtige Zielsetzung, denn natürlich ist es gut und schön, wenn Du auf Deine Inhalte, die Du publizierst, Resonanzen in Form von neuen Follower*innen, Interaktionen und Likes erhältst – es bringt Dir jedoch nichts, wenn es Dir darum geht, Deinen eigenen Erfolg in den sozialen messbar werden zu lassen. Schließlich wirst Du nach dem Beginn des Social Media Marketings bereits schnell mit der Frage konfrontiert werden, was denn nun eigentlich der Return on Investment, kurz ROI, des Ganzen gewesen ist. Stehen Dir hierfür jedoch nicht die richtigen Parameter zur Verfügung, so kann es umso schwerer fallen, den ROI zu berechnen.

Folglich bedeutet dies für Dich, dass Deine Ziele messbar sein sollten und einige Faktoren berücksichtigen. In erster Linie geht es vor allem darum, dass Du für Dich Ziele definierst, die sowohl zu Deinen Erfahrungen als auch zu Deinem Unternehmen passen. Denn faktisch ist es so, dass Du schnell verunsichert sein wirst und infolgedessen all Deine Ambitionen mit den sozialen Medien ins Wanken geraten werden, wenn Du Deine Ziele falsch wählst und diese förmlich unerreichbar sind.

Gerade dann, wenn Du noch Anfänger*in bist, geht es darum, Dich lieber weniger an Deiner Konkurrenz zu orientieren. Vielmehr solltest Du Wert darauflegen, dass die Ziele konform mit Deinem eigenen Unternehmen ist. Außerdem sollte es für Dich von Relevanz sein, an der Konstanz festzuhalten. Frage Dich also offen und ehrlich, ob Du es schaffen kannst, über einen Zeitraum von beispielsweise einem halben Jahr hinweg wöchentlich zwei Posts zu verfassen und diese zu publizieren. Wenn Du Dir sicher bist, dass Du Deine gesetzten Ziele erreichen kannst und dies womöglich bereits meistern konntest, kannst Du auch damit beginnen, Dir die nächstgrößeren Ziele zu stecken. Grundsätzlich handelt es sich bei den nachstehenden Zielen um messbare Ziele, die Du Dir auch für Dein eigenes Unternehmen setzen kannst.

- **Das Finden von Partner*innen für Kooperationen**

Bei der Nutzung der sozialen Medien geht es häufig nicht nur darum, potenzielle Kund*innen für sich zu gewinnen, sondern ebenso auch Kooperationspartner*innen. Welche Partnerschaft für Dein Unternehmen am geeignetsten ausfällt, um einen Mehrwert zu schaffen, hängt maßgeblich auch von Deinen Unternehmen ab. Zumeist ist es sinnvoll, wenn Du Dir Partner*innen suchst, die sich an die gleiche Zielgruppe richten, die Du ansprechen möchtest – die jedoch keinesfalls die gleichen Dienstleistungen und Produkte offerieren, wie es Dein eigenes Unternehmen tut.

Das Ziel des Ganzen scheint dementsprechend klar zu sein, denn beide Partner*innen möchten für sich selbst neue Zielgruppen ansprechen. Besonders gut gelingt dies beispielsweise durch gemeinsam veranstaltete Gewinnspiele. Dies bringt zudem auch gleich noch weitere Vorteile mit sich, denn in den meisten Fällen gestaltet sich das Ganze erheblich kostengünstiger, als wenn Du selbst mittels Werbemaßnahmen versuchen musst, die Zielgruppen auf Dich und Dein Angebot aufmerksam zu machen. Dieses Ziel ist nicht nur messbar, sondern lässt sich zugleich auch recht schnell umsetzen. Investierst Du hier die richtige Zeit hinein, so ist es ohne weitere Mühen häufig sogar möglich, das Vorgehen zu skalieren. Schlussendlich entstehen hieraus für beide Parteien nur Win-Win-Situationen.

- **Das Generieren von Leads**

Es ist nicht nur wichtig, dass Du neue Kund*innen für Dich gewinnst, sondern ebenso, dass Du grundsätzlich Kontakte sammelst, die sogenannten Leads. Denn genau dies ist in aller Regel erst einmal deutlich simpler und verspricht Dir weitaus mehr Erfolg, als wenn Du ausschließlich daraufsetzt, neue Kund*innen für Dich zu begeistern. Leads kannst Du beispielsweise über sammeln, indem Du Deine Follower*innen auf den sozialen Plattformen beispielsweise dazu animierst, sich für Deinen Newsletter zu registrieren. Auch ist es möglich, dass Du Deine Follower*innen dazu bringst, sich zu registrieren, um Inhalte von Dir herunterladen zu können. Deine Möglichkeiten in diesem Zusammenhang sind recht breit.

- **Das Sammeln von direktem Feedback**

Es sind nicht nur die Werbeanzeigen, die Du in den sozialen Medien schalten kannst, die Dir Aufschluss über Erfolg und Misserfolg geben. Vielmehr kannst Du ganz gezielt in die Kommunikation mit den Nutzer*innen treten und Dir auf diese Weise Feedback einholen, welches sehr wertvoll für Dich sein kann. Dieses Feedback kannst Du dann vor allem dafür nutzen, um ein besseres Verständnis dafür zu entwickeln, welche Bedürfnisse Deine eigene Zielgruppe eigentlich pflegst. Auch kannst Du mithilfe von Feedback Innovationen von Produkten so ausrichten, dass sie dem Feedback Deiner Zielgruppe gerecht werden.

Du kannst in den sozialen Medien dabei im Übrigen nicht nur in die direkte Kommunikation treten, sondern ebenso auch Umfragen verwenden, bei denen Deine potenziellen Kund*innen abstimmen können. Denn verstehst Du Deine Zielgruppe erst einmal, so bist Du im klaren Vorteil und kannst all das Feedback, was Dich erreicht, in Deine ganzen Überlegungen einbeziehen.

- **Das Senken Deiner Ausgaben für Werbung**

Ein Ziel, was Du mit dem Social Media Marketing womöglich verfolgst, kann darin bestehen, die Ausgaben, die für Werbemaßnahmen anfallen, zu minimieren. Dies kann Dir mitunter beispielsweise dadurch gelingen, Dein Werbebudget auf die Kanäle umzuschichten, die Du wirklich nutzen möchtest. Richtest Du einmal einen Blick auf die Kosten, die für die Werbung in den sozialen Medien anfallen, so kann die Reduzierung der Kosten ein durchaus nachvollziehbarer Faktor sein. Schließlich sind die Werbemaßnahmen, die Du in den sozialen Medien betreiben kannst, nicht nur meist kostengünstiger, sondern darüber hinaus auch wesentlich effektiver, da sie Dir eine erhebliche Reichweite verschaffen können, die gleichzeitig auch noch messbar ist.

Vergleichst Du die Kosten für die Social Media Werbung beispielsweise einmal mit jenen Kosten, die Dich die klassischen Werbemaßnahmen womöglich bisher gekostet haben, so wirst Du schnell erkennen, dass es ein überaus lohnenswerter Schritt ist. Generell geht es bei der Werbung nicht in erster Linie darum, wie teuer sie ist, sondern vor allem auch darum, wie effektiv sie sich gestaltet. Eben jene Effektivität steht allerdings auch in einer maßgeblichen Abhängigkeit zu Deiner Zielgruppe. Beobachtest Du Deine Ziele aber ganz genau, so bist Du hier im klaren Vorteil.

- **Das Steigern der Loyalität Deiner Kund*innen**

In einer Vielzahl von Branchen kommt es zu einem regelrechten Fall der Loyalität der Kund*innen seit es das Internet gibt. Tatsächlich ist dies auch nicht wirklich verwunderlich, so gibt es doch zu jedem Produkt eine Vielzahl an Alternativen, die womöglich auch noch günstiger und lediglich einen einzigen „Klick" weit entfernt sind. Dies ist zweifelsohne ein Umstand, der für Dich als Unternehmen von Nachteil ist, da die Akquise von Neukund*innen aufgrund dessen deutlich teurer ausfällt als bestehende Kund*innen zu einem erneuten Kauf zu bewegen. Vor diesem Hintergrund kann es also ein durchaus sinnvolles Ziel sein, dass Du eine Steigerung der Loyalität Deiner Kund*innen erreichen möchtest. Hierfür ist es wichtig, dass Du mit Bestandskund*innen eine Kommunikation über die sozialen Medien aufbaust und diese pflegst. Wenn Du dann gezielte Aktionen einbaust, so kannst Du aus einmaligen Kund*innen Kund*innen machen, die erneut bei Dir einkaufen werden.

- **Das Verbessern Deines Images**

Für viele Unternehmen ist es von immenser Bedeutung, dass sie bei den Menschen ausschließlich mit positiven Assoziationen in Verbindung gebracht werden. Demzufolge kann ein Ziel, was mit dem Social Media Marketing verfolgt wird, darin bestehen, das eigene Image überhaupt erst zu gestalten und es nachhaltig zu optimieren. Gehst Du das Ganze richtig an, so kann dies nicht nur abwechslungsreich und innovativ sein, sondern durchaus auch Spaß machen, was sich direkt auch auf Dein Image als solches projizieren kann.

- **Das Verbessern der Bindung zu Deinen Kund*innen**

Auf den sozialen Plattformen können potenzielle Kund*innen recht schnell auf Dich aufmerksam werden. Dies ist für Dich der Zeitpunkt, in dem Du damit beginnen solltest, diese Personen mit Informationen versorgen, die für sie von Bedeutung sind und ihnen womöglich auch Mehrwerte vermitteln. Ebenso kannst Du Deinen Kund*innen die Chance einräumen, dass sie ihr Feedback kundtun, Du kannst ihnen gezielt zuhören und darüber hinaus auch gleich in den direkten Dialog treten. All dies sind Faktoren, die erheblich dazu beitragen können, dass die Bindung zu Deinen Kund*innen nachhaltig verbessert wird. Außerdem kannst Du hierfür Aktionen wie beispielsweise das Couponing nutzen, bei dem

Deine potenziellen Kund*innen für regelmäßige Interaktionen belohnt werden. Auf diese Weise kannst Du die Bindung um ein Vielfaches fördern.

- **Deinem Unternehmen ein Gesicht verleihen**

Nicht selten gehen Unternehmen mit dem Grundgedanken an die sozialen Medien heran, sich selbst hierdurch ein Gesicht zu verleihen und greifbarer für die eigene Zielgruppe zu werden. Verfolgst auch Du genau dieses Ziel mit Deinem Unternehmen, so kannst Du dies sogar als eines der Hauptziele kategorisieren. Veröffentlichst Du die richtigen Inhalte ist es Dir durchaus möglich, Dein eigenes Unternehmen ganz gezielt in ein positives Licht zu rücken. Dies führt nicht zuletzt auch dazu, dass Du auf Deine potenziellen Kund*innen einen greifbareren Eindruck gepaart mit einer gewissen Sympathie ausstrahlst. Natürlich ist dies zweifelsohne ein sehr gutes Ziel für die Nutzung der sozialen Medien. Gleichzeitig solltest Du Dir aber auch darüber im Klaren sein, dass sich dieses Ziel, im Vergleich zu den anderen Zielen, durchaus um einiges schwerer messen lässt. Um also überhaupt eine Messung Deines Erfolges in diesem Bezug durchführen zu können, wirst Du nicht darum herumkommen, Dir intern Möglichkeiten und Wege zu überlegen, wie es Dir gelingen kann, nachvollziehbar zu messen, welche Auswirkungen aus Deinen Bemühungen auf den sozialen Medien eigentlich entstehen.

- **Die Ansprache von neuen Zielgruppen**

Eines der wohl wichtigsten Ziele bei der Nutzung der sozialen Medien besteht unbestritten darin, dass Du neue Zielgruppen ansprechen kannst. Wie Du bereits erfahren hast, hat sich im Laufe der vergangenen Jahre eine maßgebliche Veränderung des Nutzungs- und Suchverhaltens der Nutzer*innen ergeben.

Folglich bedeutet dies, dass Deine potenziellen Kund*innen nicht mehr nur noch über ein Medium erreicht werden können, sondern über eine Vielzahl an Stellen, die es vor einigen Jahren noch nicht so ermöglichten, wie es heute der Fall ist. Vor allem dann, wenn Du eine jüngere Zielgruppe erreichen möchtest, ist die Nutzung der sozialen Medien heutzutage nicht mehr wegzudenken, sondern genau das Mittel, Deine Zielgruppe effektiv anzusprechen. Zudem stellen die sozialen Medien, verglichen mit der typischen Einwegkommunikation, die ideale Möglichkeit dar, um effektiv nachzuvollziehen, auf welchem Wege Du Deine Zielgruppe erreicht und neue Kund*innen generiert hast.

- **Die Anzahl der Likes Deiner Unternehmensseite auf Facebook maximieren**

Für viele Unternehmen stellt Facebook die oftmals erste und nicht selten auch einzige Anlaufstelle dar, um sich in den sozialen Medien präsent zu zeigen. Dem steht im Allgemeinen auch erst einmal nichts entgegen, immerhin ist Facebook nicht ohne Grund mit seinen mehr als 32 Millionen Nutzer*innen allein in Deutschland die Plattform, die sich wohl der größten Beliebtheit erfreuen kann. Demzufolge ist es also durchaus sinnvoll, dass Du Wert darauflegst, Deine Präsenz auf Facebook zu pflegen. Ein messbares Ziel in genau diesem Zusammenhang kann demnach daraus bestehen, die Anzahl der Likes, die Du derzeit auf Deiner Unternehmensseite verzeichnen kannst, gezielt zu erhöhen. Im Grunde genommen ist dies auch die effektivste Methode, die Dir zur Verfügung steht, um Deinen Erfolg zu messen. Schließlich sind die Likes zumeist gleichbedeutend mit Fans, die Dein Unternehmens demzufolge auch künftig verfolgen werden – ein guter Anhaltspunkt also, der Dir dabei helfen kann, Dein Social Media Marketing so effektiv wie nur möglich umsetzen zu können.

- **Die Bekanntheit Deiner Marke erhöhen**

Ein weiteres Ziel, was Du mit den sozialen Medien verfolgen kannst, besteht darin, die Bekanntheit der Marke Deines Unternehmens zu erhöhen. Je mehr Deine eigene Marke ins Gespräch kommt, desto mehr wird sich also auch dessen Bekanntheit steigern.

Bezugnehmend auf die sozialen Medien bedeutet es für Dich, dass Deine Zielgruppe, die Du für Dich auserwählt hast, dafür verantwortlich ist, Deine Marke zu nennen, um Deine Bekanntheit zu erhöhen. Genau dies lässt sich auf die unterschiedlichsten Wege messen. So kannst Du beispielsweise manuelle Auswertungen durchführen, bei denen Du nachverfolgst, wie sich die Anzahl der Nennungen Deiner Marke eigentlich verändert. Auch kannst Du das Ganze messbar machen, indem Du gewisse Social Media Tools nutzt, die Dir einen Überblick verschaffen können.

Empfehlenswert ist es dabei, wenn Du die Fortschritte wöchentlich festhältst, um sie so vergleichen zu können. Hierfür besteht aber ganz klar eine Grundvoraussetzung – nämlich Deine Social Media Marketing-Strategie, die zwingend ausgearbeitet sein muss. Denn nur, wenn Du dies wirklich getan hast, besteht auch eine Garantie für die fortlaufende Erstellung von neuen Inhalten, die Du dann dafür nutzen kannst, eine Interaktion mit Deiner Zielgruppe zu erzeugen.

- **Die eigene Reichweite steigern**

Eines der Kernziele, die Du generell mit dem Social Media Marketing anstreben solltest, besteht darin, Deine eigene Reichweite mittels der Nutzung von sozialen Medien zu steigern. Auf nahezu allen sozialen Medien ist es Dir möglich, Deine persönliche Zielgruppe zu finden und zu ihr durchzudringen.

Genau dies ist aber auch ein Umstand, den Du ganz gezielt für den Aufbau Deiner Präsenz nutzen kannst. Wie die Kund*innen sich im Internet bewegen, dieses nutzen und die Suchfunktionen anwenden, hat sich in den letzten Jahren maßgeblich verändert. Mittlerweile haben sich die sozialen Medien zu einem festen Bestandteil eines jeden Alltages mausern können. Somit durchsuchen Nutzer*innen heutzutage nicht mehr ausschließlich Google für das Finden von Antworten auf ihre Fragen, sondern ebenso auch Plattformen wie Facebook oder YouTube. Unabhängig davon, ob Du mit Deinem Unternehmen andere Unternehmen oder doch eher Endkund*innen ansprechen möchtest – die sozialen Medien stellen einen optimalen Kanal dar, um mit Deiner Zielgruppe eine Kommunikation auf Augenhöhe anzustreben. Nutze diesen Umstand dafür, Deine eigene Reichweite mittels kontinuierlicher Interaktion und dem fortlaufenden Bespielen Deines Kanales mit neuen Inhalten zu steigern.

- **Die Steigerung des Umsatzes**

Zweifelsohne besteht eines der Ziele, welches mit dem Social Media Marketing erreicht werden soll, in der Steigerung des Umsatzes, den Dein Unternehmen verzeichnet. Dies wird zwar nicht immer direkt kurzfristig möglich sein, mit einem kontinuierlichen Social Media Marketing aber mindestens mittel- bis langfristig. Das Social Media Marketing trägt hierzu unbestritten einen ganz entscheidenden Teil bei, denn es ist nicht nur dafür da, Deine Markenbekanntheit sowie auch Deine Reichweite zu vergrößern, sondern auch dafür, neue Kund*innen an Dein Unternehmen heranzuführen. Außerdem bieten Dir die sozialen Medien die Möglichkeit, bezahlte Werbeanzeigen zu schalten, mit denen Du Deine Umsätze ebenso nachhaltig steigern kannst.

Ein ideales Beispiel hierfür stellen die Werbeanzeigen auf Facebook dar. Bei ihnen kannst Du beim Aufsetzen auswählen, dass Du mit der Werbeanzeige den Zweck verfolgst, „Conversions" zu erzeugen. Hier kannst Du dann eine Definierung der Conversions vornehmen, was beispielsweise mit gewissen Aktionen einhergehen kann. Dies können neben der Aktion, dass Kund*innen Deine Produkte über Deine eigene Webseite erwerben auch darin bestehen, dass potenzielle Kund*innen Deine Produkte in einem Onlineshop in ihren Warenkorb legen oder aber in einem E-Mail-Newsletter, der die potenziellen Kund*innen regelmäßig über unternehmensbezogene Inhalte informiert. Bei Facebook kannst Du hier im Übrigen auch den sogenannten Business-Manager nutzen, der Dir schon im Vorhinein transparent anzeigen kann, welches Budget Du für die entsprechende Conversion einplanen solltest und was dabei geschätzt in etwa umgesetzt werden wird. Hierbei besteht das Ziel natürlich ganz klar darin, dass sich ein positiver ROI für Dich ergibt.

- **Die Verbesserung der Zufriedenheit Deiner Kund*innen**

Kannst Du Dich noch an die Zeiten erinnern, an dem die einzige Möglichkeit, mit einem Unternehmen in Kontakt zu treten, darin bestand, eine Telefonhotline anzurufen, die lange Wartezeiten inkludierte? Glücklicherweise sind diese Zeiten heutzutage passé und Möglichkeiten entstanden, die es Kund*innen deutlich simpler und schneller gestalten, ihr Feedback sowie auch ihre Fragen verlauten zu lassen.

Ist Dein Ziel des Social Media Marketings also, eine Verbesserung der Kund*innenzufriedenheit herbeizuführen, so ist es zu empfehlen, dass Du die sozialen Medien als ein Tool zur Kommunikation nutzt. Auf diese Weise kannst Du es Deinen Kund*innen erheblich erleichtern, mit Dir Kontakt aufzunehmen, Dir Anregungen zu unterbreiten, Dir Feedback zu senden sowie auch Fragen zu stellen. All diese Dinge kannst Du dann sammeln und schlussendlich auswerten. Was aber in jedem Fall klar ist, ist, dass wenn Du als Unternehmen diesen Weg einschlagen möchtest, es auch ein entsprechendes Ziel sein sollte, dass Du auf die Anfragen Deiner Kund*innen möglichst gekonnt und binnen kurzer Zeit eingehst. Ansonsten wirst Du das Ziel, eine Steigerung der Kund*innenzufriedenheit zu erzielen, schlichtweg verfehlen und womöglich gar noch Unmut bei Deinen Kund*innen stiften.

- **Dir als Arbeitgeber*in ein Gesicht geben**

Mitunter lassen sich die sozialen Medien auch mit dem Ziel nutzen, dass Du Dir als Arbeitgeber*in einen attraktiven Ruf verschaffst. Nicht selten geschieht dies vor dem Hintergrund, dass sich Arbeitgeber*innen mit der Frage konfrontieren, wie sie denn nun eigentlich die besten und hochqualifiziertesten Mitarbeiter*innen für ihr Unternehmen finden können. Gerade in Deutschland kann dies aufgrund des immensen Fachkräftemangels, der seit vielen Jahren vorherrschend ist, zu einer echten Herausforderung werden. Kaum verwunderlich also, dass viele Unternehmen sich den sozialen Medien annähern und diese nutzen, um potenzielle Arbeitnehmer*innen zu erreichen und sich selbst einen Ruf als attraktive*r Arbeitgeber*in zu verschaffen.

Dies erfordert schlussendlich auch, eine Anpassung der eigenen Kommunikation vorzunehmen, um so die Zielgruppe ansprechen zu können. Dies bringt nicht wenige Unternehmen sogar dazu, den sogenannten e-Sport in die Philosophie des eigenen Unternehmens aufzunehmen. Jene Bemühungen, die hier getroffen werden, gilt es, in die sozialen Medien zu transferieren, um hiermit die Bewerbungen potenzieller Arbeitnehmer*innen effektiv zu steigern.

Worauf Du beim Social Media Marketing achten solltest

Hab keine Angst, mit Deinem Marketing kreativ zu werden und herumzuexperimentieren.

\- Mike Volpe

In erster Linie handelt es sich bei dem sogenannten Social Web um ein Netzwerk, in dem sich vorrangig Privatpersonen bewegen, die dementsprechend auch User Generated Content kreieren. Demzufolge ist es kaum verwunderlich, dass Unternehmen, die kommerzielle Interessen verfolgen, förmlich zunächst Fremdkörper in dieser Umgebung darstellen. Bevor Du nun also als Unternehmen herangehst und versuchst, die Kommunikation anzustreben, ist es zunächst wichtig, dass Du die Stelle eines / einer Beobachter*in einnimmst und ein Monitoring des Social Webs vornimmst.

Bei Twitter kann Dir dies zum Beispiel gelingen, indem Du in der Twittersphäre einmal auf die Suche nach dem Namen Deiner Firma gehst. Sieh Dir dann an, ob und wenn ja, was eigentlich über Dein Unternehmen dort geschrieben wird. Handelt es sich um positive Beiträge oder kannst Du hier eine negative Grundstimmung wahrnehmen? Wer hat die entsprechenden Beiträge über Dich eigentlich verfasst? Dies kannst Du natürlich nicht nur auf Twitter versuchen, sondern ebenso auch über Google. Hier hast Du die Möglichkeit die sogenannten Google Alerts zu nutzen, die Dich jedes Mal per Mail mit einem Verweis darauf aufmerksam machen, wenn der Name Deines Unternehmens irgendwo auftaucht.

Darüber hinaus ist es grundsätzlich empfehlenswert, wenn Du Dich ausgiebig damit befasst, wie die Kommunikation im Social Web funktioniert und welcher Umgang dort gepflegt wird. Denn nichts ist für Dich als Unternehmen letztlich schlimmer und schädlicher, als wenn Du den klassischen Monolog beim Werben einschlägst. Dies wird für Dich mit nichts anderem einhergehen als mit Nichtbeachtung. Es ist in den sozialen Medien von immenser Bedeutung, dass Du eine Kommunikation führst, die mit den Nutzer*innen auf Augenhöhe stattfindet. Das heißt Du solltest tendenziell lieber die Rolle des / der Berater*in einnehmen als jene eines / einer Verkäufer*in. Gelingt Dir dies, so ist es Dir auch möglich, über die sozialen Medien die Bindungen zu Deinen Kund*innen nachhaltig zu stärken.

Um letzten Endes dennoch auch Deine Verkäufe zu erhöhen, kannst Du exklusive Angebote erstellen, die ausschließlich für Deine Community gelten. Solche Aktionen können sich binnen kürzester Zeit herumsprechen, sodass Deine Community immer mehr wachsen wird. Um die steigende Anzahl an Communitymitgliedern als Interessent*innen für Dich zu behalten, solltest Du großen Wert darauflegen, sie mit Inhalten zu versorgen, die von ihnen als wertvoll erachtet werden. Dies können beispielsweise nützliche Apps sein, die Du Deinen Follower*innen kostenlos zur Verfügung stellst. So werden Deine Follower*innen stets dabeibleiben und ihre Anzahl stetig steigen.

In Dein Social Media Marketing und Deine Inhalte solltest Du dabei nach Möglichkeit möglichst viel Intuition und Kreativität einfließen lassen, dabei aber auch kontinuierlich Inhalte veröffentlichen. Das bedeutet allerdings nicht zwangsläufig auch gleich, dass es völlig ausreichend ist, wenn Deine Inhalte kreativ gestaltet sind, damit sie nachhaltig Erfolge erzielen können. Vielmehr gibt es darüber hinaus auch einige weitere Faktoren, die Du zur Berücksichtigung ziehen solltest. Allem voran geht hierbei die eigene Sprache, die innerhalb der sozialen Medien gesprochen wird. Auf diese musst Du Dich einstellen und Dich ihr anpassen, damit Deine Inhalte auf ein Gehör stoßen. Was es dementsprechend zu vermeiden gilt ist, dass Du Inhalte auf einer Plattform veröffentlichst und Du sie auf alle weiteren Plattformen via Copy & Paste einfügst und veröffentlichst – auch, wenn Dir dies womöglich auf den ersten Blick einigen Zeitaufwand wöchentlich ersparen kann. Dennoch solltest Du darauf achten, jeden Deiner Inhalte auf die entsprechende Plattform anzupassen.

Es spricht also grundsätzlich nichts dagegen, einmal veröffentlichte Inhalte wiederzuverwenden – solange Du sie entsprechend der Plattform, auf der Du sie veröffentlichen möchtest, umgestaltest. Neben all den genannten Aspekten ist es wichtig, dass Du Dich mit einigen weiteren auseinandersetzt, die sich unmittelbar auf Dein Social Media Marketing beziehen. Insbesondere sind dies elf Punkte.

1. Erstelle eine Strategie und befasse Dich mit der Frage, was Du mit Deinem Marketing eigentlich gerne erreichen möchtest.
2. Definiere Deine Ziele sowie Deine Zielgruppe – stelle Dir also bewusst die Frage, wen Du eigentlich ansprechen möchtest.
3. Befasse Dich mit den unterschiedlichen Plattformen und wähle diese bewusst für Dich und Deine Zwecke aus. Ein entscheidender Faktor, der in diese Entscheidung hineinfließen sollte, besteht darin, wo sich Deine Zielgruppe eigentlich aufhält.
4. Erstelle Inhalte, mit denen Du Deiner Zielgruppe Mehrwerte bieten kannst. Dies inkludiert auch, dass Du es vermeidest, Deine Zielgruppe werblich anzusprechen.
5. Vermeide es, wenn Du Inhalte verfasst, diese langweilig werden zu lassen. Dies kann schnell passieren, umso wichtiger ist es, dass Du spannende und womöglich auch spielerische Elemente einbaust. Hierfür eignen sich mitunter Gewinnspiele sehr gut, da sie zu einem vermehrten Feedback führen.
6. Mache Dir vor dem Beginn Deines Social Media Marketings Gedanken darüber, welches Budget Du investieren kannst. Schon kleine Budgets können hilfreich sein, um damit gezielt zu einer Steigerung Deiner Reichweite beizutragen.
7. Beobachte Deine Konkurrenz, denn dies kann Dir dabei helfen, den Wettbewerb besser kennenzulernen und die richtigen Konsequenzen daraus für Dein eigenes Unternehmen und Dein eigenes Marketing abzuleiten.
8. Evaluiere die Ergebnisse, die aus Deinem Social Media Marketing resultieren. Hierfür gibt es die verschiedensten Tools, häufig auch von den genutzten Plattformen selbst, die Du aktiv anwenden kannst.

9. Sei gewappnet für den Fall, dass womöglich Kritiken oder Krisen auftreten. Gerade in den sozialen Medien kann dies schneller passieren, als Du glaubst. Umso wichtiger ist es demzufolge, dass Du Dir Gedanken darüber machst, in welchen Fällen Du wirklich umgehend reagieren solltest.
10. Lege fest, welche Verantwortlichkeiten intern bestehen. Auf diese Weise kannst Du sicherstellen, dass Deine Follower*innen zu keinem Zeitpunkt auf sich selbst gestellt sind.
11. Erstelle Richtlinien, die einheitlich für die Kommunikation gelten. So sprichst Du aus der Perspektive Deines Unternehmens gegenüber Deinen Follower*innen immer mit der gleichen Stimme.

Allgemein solltest Du bedenken, dass die Qualität der Inhalte, die Du veröffentlichst, deutlich entscheidender und bedeutender ist als ihre Quantität. Denn nur dann, wenn Du wirklich wert darauflegst, dass die Qualität hoch ausfällt, ist gewährleistet, dass das Feedback, was Deine Follower*innen Dir entgegenbringen, konstruktiver Art ausfällt. Vor allem dann, wenn die Bewertungen, die Du erhältst, positivem Inhaltes sind, stellt dies für Dich die bestmögliche Werbung dar. Kritik, die Dir hingegen entgegengebracht wird – und zwar völlig unabhängig davon, ob sie nun berechtigt oder gar unberechtigt ist – wird sich binnen kürzester Zeit verbreiten und kann zu einem echten Krisenzustand für Dein Unternehmen führen. Vor diesem Hintergrund ist es also besonders wichtig, dass Du Deinen Follower*innen zeigst, dass Du eine hohe Bereitschaft für den Dialog mitbringst. Erhältst Du also Feedback, so gehe immer freundlich und offen mit diesem um – vor allem dann, wenn es sich um Kommentare negativer Art handelt. Sollten Dir als Unternehmen Fehler unterlaufen, so gib diese zu – Fehler zu machen ist menschlich – bleibe aber auch bei Unterstellungen, die vielleicht unfair erscheinen mögen, immer sachlich. Wovon Du Dich in jedem Fall distanzieren solltest, ist die Möglichkeit von Fake-Follower*innen und Fake-Kommentaren. Hier gilt, wie in so vielen anderen Bereichen des Lebens auch, dass es die Ehrlichkeit ist, die am längsten währt. Die Nutzer*innen des Internets kennen sich meist sehr gut aus und sind dementsprechend schnell dazu in der Lage zu erkennen, ob es sich um ehrliche Meinungen handelt oder ob sie gefälscht sind. Vor allem Follower*innen, die Du Dir einfach kaufst, besitzen keinerlei Wert für Dein Unternehmen – schlimmer noch: Sie können tatsächlich einen echten Schaden Deines Ansehens erzeugen.

Deine Zielgruppe

Möchtest Du Dein Social Media Marketing erfolgreich umsetzen, so ist es unentbehrlich, dass Du Deine Zielgruppe gut kennst. Am besten kann Dir dies gelingen, indem Du Dir eine Sedcard für Deine potenziellen Kund*innen anlegst, in dem Du Dir ganz konkrete Gedanken über diese machst. Skizziere Dir hierbei Deine Wunschkund*innen auf einem Blatt Papier. Dies kann Dir ganz gezielt dabei helfen, Deiner Zielgruppe näherzukommen. Hast Du dies erledigt, so kannst Du das Ganze in den Aufbau Deiner Social Media Marketing-Strategie integrieren.

Die User Sedcard

Die Sedcard, die Du Dir anlegst, verrät Dir einiges über Deine Zielgruppe und kann Dir dabei helfen, sie besser zu verstehen. Sobald Dir dies gelingt, kannst Du Dein Social Media Marketing umso besser optimieren. Um Dir eine solche Sedcard anzulegen, solltest Du Dich insbesondere mit den nachstehenden Fragen intensiver beschäftigen. Nimm Dir lieber ausreichend Zeit für die Sedcard, da sie einen entscheidenden Faktor Deiner Social Media Marketing-Strategie darstellen wird.

1. Wie sind Deine Wunschkund*innen auf der beruflichen Ebene? Wie verhalten sie sich auf der familiären Ebene?
2. Welche Charakterzüge besitzen Deine potenziellen Wunschkund*innen?
3. Wenn Du Deine Wunschkund*innen in einem Profil beschreiben müsstest, wie würde dieses aussehen?
4. Besitzen Deine Wunschkund*innen einen lokalen Bezug oder nicht?
5. Wie sehr sind Deine Wunschkund*innen an Deine Marke gebunden?
6. In welcher Umgebung leben Deine potenziellen Wunschkund*innen?
7. Auf welche Weise verwenden Deine Wunschkund*innen das Angebot, welches Du online präsentierst?
8. Wie gestaltet sich das Vertrauen, das Deine potenziellen Wunschkund*innen in das Werbeangebot haben, was Du offerierst?

Du kannst die Sedcard nach Deinen Vorstellungen auch ohne Probleme noch weiter ausführen, um Deine Zielgruppe so noch um einiges deutlicher definieren zu können.

Die Typen der Nutzer*innen der sozialen Medien

Um Deine Social Media Maßnahmen, die Du anstrebst, bestmöglich zu konzipieren, ist es empfehlenswert, wenn Du eine Segmentierung nach dem Verhalten vornimmst. Forrester Research hat hierfür ein bewährtes Modell entwickelt, welches dabei hilft, den spezifischen Gruppen der Nutzer*innen individuelle Angebote unterbreiten zu können.

- **Die Creator*innen**

Zwar ist die Gruppe dieser Nutzer*innen als recht klein einzuordnen, dennoch ist sie allerdings durchaus bereichernd für Deine sozialen Plattformen. Creator*innen zeichnen sich insbesondere durch die folgenden Dinge aus:

  - Sie besitzen einen eigenen Blog oder eine eigene Homepage und veröffentlichen dort ihre eigenen Inhalte
  - Sie werden zu Produzent*innen ihrer eigenen Videos und publizieren ihre eigene Musik
  - Sie verfassen ihre eigenen Artikel und Geschichten und publizieren diese auf diversen Plattformen

- **Die Gesprächspartner*innen (Conversionalists)**

Die sozialen Medien werden von Gesprächspartner*innen insbesondere dafür genutzt, Unterhaltungen sowie einen Austausch mit anderen Nutzer*innen zu führen:

  - Sie hinterlassen in regelmäßigen Abständen Kommentare unter Beiträgen in Blogs und unter Postings.
  - Sie begeben sich in aktive Chats mit anderen.
  - Sie halten sich in Foren auf und verwenden Instant-Messaging-Dienste um sich innerhalb von Gesprächen auszutauschen.

- **Die Inaktiven (Inactives)**

Diese Gruppe der Nutzer*innen hält sich nicht proaktiv in den sozialen Netzwerken auf. Die Angebote, die es in den sozialen Netzwerken gibt, finden sie zumeist über die Nutzung von Suchmaschinen, weil ein Interesse gegenüber bestimmten Inhalten und Leistungen besteht.

- **Die Kritiker*Innen**
  - Sie publizieren sowohl Bewertungen als auch Rezensionen.
  - Sie hinterlassen ihre Kommentare unter Beiträgen in Blogs.
  - Sie zeigen sich engagiert in Foren im Internet.
  - Sie publizieren Beiträge in Wikis und Plattformen, die dieser ähneln.

- **Die Mitmacher*innen (Joiners)**

Diese Gruppe der Nutzer*innen registriert sich ganz bewusst in den sozialen Netzwerken und legt dort eigene Profile an. Dies geschieht mit dem Ziel, dass sie mit ihren Bekannten und Freund*innen den Kontakt aufrechterhalten möchten, wenngleich sie eher in geringem Maße aktiv sind.

- **Die Sammler*innen (Collectors)**
  - Sie abonnieren Alerts und RSS-Feeds, die angewandt werden, um Inhalte von Webseiten oder Nachrichten miteinander in Verbindung zu bringen.
  - Sie hinterlassen Bookmarks und Tags bei Inhalten und Seiten, die für sie von Interesse sind.
  - Sie hinterlassen bei Inhalten und Webseiten Bewerbungen und nehmen gleichermaßen auch an Umfragen teil.

- **Die Zuschauer*innen (Spectators)**

Diese Gruppe der Nutzer*innen umfasst jene Nutzer*innen, die Inhalte, die andere Menschen publizieren, konsumieren und ihre eigenen Profile in den sozialen Netzwerken besitzen. Sie selbst veröffentlichen jedoch kaum Inhalte. Genau dieser Gruppe ist allerdings auch der Großteil der Nutzer*innen der sozialen Netzwerke zugehörig.

Der richtige Kanal

Nicht jeden Kanal kannst Du pauschal gleich behandeln, vielmehr solltest Du die einzelnen Kanäle als Individuen betrachten, die es einzeln zu betrachten und im Hinblick auf Deine Zielgruppe zu bewerten gilt. Das heißt, nur weil Du irgendwo vielleicht hörst, dass ein gewisses soziales Netzwerk „tot" sei, sich nur für eine gewisse Kommunikationsform eignet oder ausschließlich von Kindern genutzt wird, solltest Du nicht gleich blind darauf hören. Oftmals stehen hinter genau solchen Aussagen einfach nur Verallgemeinerungen, die schlimmstenfalls für eine Behinderung des Wachstums Deines Unternehmens sorgen können. Wenn Du also wirklich mit Deinem Social Media Marketing erfolgreich werden möchtest, solltest Du Wert darauflegen, Dir immer zunächst Dein eigenes Bild zu verschaffen.

Statistische Übersicht

Die nachstehende Statistik bietet Dir einen ersten Überblick über die Anzahl der Nutzer*innen der entsprechenden Plattformen.

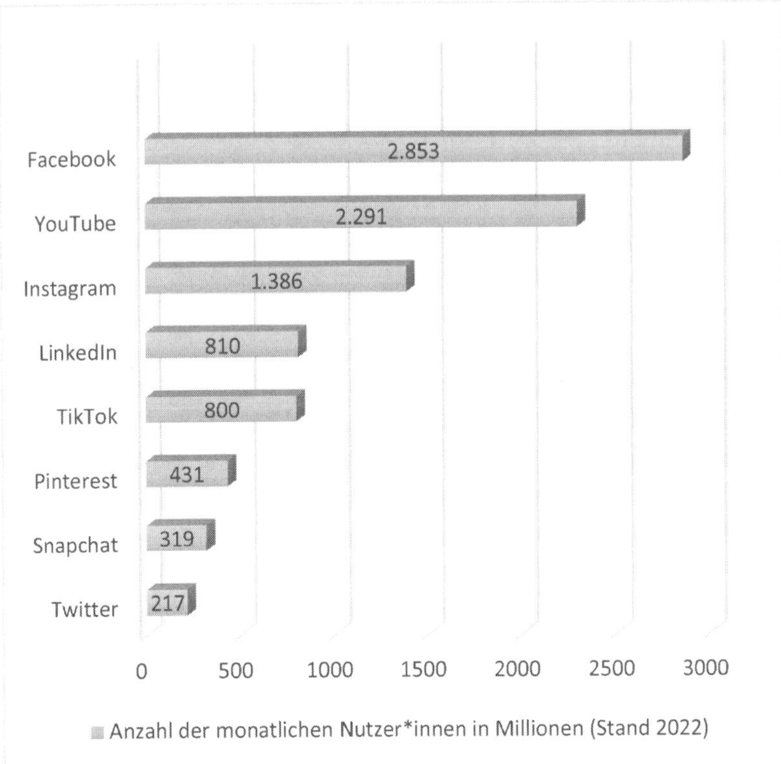

Facebook

Facebook gilt als eines der wohl beliebtesten sozialen Netzwerke. Im Jahre 2021 konnte Facebook pro Monat 2.740 Millionen aktive Nutzer*innen verzeichnen. Das soziale Netzwerk wurde 2004 gegründet und gehört seit jeher zu den Vorreitern der sozialen Medien. Seit Jahren erfreut sich das Unternehmen eines stetigen Wachstums und konnte von 2017 zu 2020 den erwirtschafteten Umsatz mit einem Sprung von 41 auf 86 Milliarden US-Dollar sogar mehr als verdoppeln. Aufgrund der immensen Zahlen an Nutzer*innen gilt Facebook als eine überaus beliebte Plattform für Werbung.

Aufgrund der neuen Medien, die über die letzten Jahre hinweg hinzugekommen sind, seien es Instagram oder auch TikTok, nimmt Facebook gerade bei der jüngeren Zielgruppe lediglich noch eine untergeordnete Rolle ein. Zum Vergleich: Während 2012 noch 87 Prozent der Personen im Alter von 16 bis 19 Jahren Facebook aktiv nutzten, waren es 2020 und 2021 lediglich noch 32 Prozent.

Instagram

Seit dem Jahre 2012 ist Instagram ein Tochterunternehmen von Facebook. Der primäre Zweck von Instagram besteht darin, Bild- und Videoinhalte mit anderen zu teilen. In den vergangenen Jahren handelte es sich vorrangig um eher kurz gehaltene Videos. Seit 2018 wurde allerdings auch die Option eingeführt, Videos über einen Zeitraum von bis zu 60 Minuten aufzuzeichnen und im Querformat im Rahmen von IGTV zu veröffentlichen. Der Fokus von Instagram liegt insbesondere auf dem Lifestyle, den die Nutzer*innen mithilfe ihrer Beiträge und Stories mit den Menschen teilen, die sie verfolgen. Kaum verwunderlich also, dass Instagram im Bereich des Influencer Marketings als die wohl wichtigste Plattform erachtet wird.

Des Weiteren bietet Instagram den Nutzer*innen die Möglichkeit, einen privaten Instagram-Account in einen Business-Account zu wandeln. Auf diese Weise erhalten die Nutzer*innen einen erweiterten Zugriff und weitere Funktionen, was unter anderem Statistiken und einige KPIs umfasst. Aufgrund der stetigen Veränderungen des Algorithmus von Instagram ist es für Dich als Unternehmen immens wichtig, dass Du Dich diesbezüglich kontinuierlich auf dem aktuellsten Stand hältst, damit es Dir möglich ist, Deine KPIs entsprechend zu optimieren.

LinkedIn

LinkedIn ist ein soziales Netzwerk, welches seinen Fokus vorrangig auf berufstätige Personen legt. Dementsprechend können sich Unternehmen hier sehr gut präsentieren und mit anderen Netzwerken in Kontakt treten. Insbesondere im Zusammenhang mit dem Recruiting bietet LinkedIn eine einzigartige Plattform, die Dir eine Vielzahl an Vorteilen bieten kann. Je nachdem, in welcher Branche, mit welchen Dienstleistungen und mit welchen Produkten Du mit Deinem Unternehmen auftrittst, ist LinkedIn aufgrund der Vielzahl an angemeldeten Unternehmen durchaus auch interessant, wenn Du im B2B-Bereich aktiv werden möchtest.

Pinterest

Bei Pinterest handelt es sich um eine soziale Plattform, die 2010 gegründet wurde und insbesondere dafür gedacht ist, Grafiken und Fotografien zu publizieren. Außerdem umfasst Pinterest eine visuelle Suchmaschine, die dabei hilft, ähnliche Bilder zu finden. Der Begriff Pinterest setzt sich dabei aus zwei Bestandteilen zusammen – zum einen dem Pin, sprich dem Anheften, und zum anderen dem Interest, also dem Interesse. Damit gemeint ist die Funktion, Ideen, die Dir gefallen und Deinem Interesse entsprechen, auf einer Pinnwand festzuhalten. Dabei kannst Du selbst entscheiden, ob Deine Pinnwand öffentlich geschaltet werden soll oder ob Du sie lieber geheim halten möchtest.

Snapchat

Der Instant-Messaging-Dienst Snapchat wurde im Jahre 2011 gegründet und verfolgte den Zweck, Fotos und andere Medien mit anderen Nutzer*innen teilen zu können, der ihnen lediglich einige Sekunden lang angezeigt wird, bevor sich die Inhalte automatisch selbst löschen. Neben der Funktion des Messagings werden den Nutzer*innen Channels angezeigt, über die kontinuierlich neue Inhalte publiziert werden können. Jene Inhalte können zwar von anderen Nutzer*innen angesehen, jedoch weder kommentiert noch geliked werden. Auch hier verschwinden die Inhalte nach einiger Zeit wieder. Dementsprechend handelt es sich bei Snapchat eher um eine Art Tagebuch, da die Inhalte immer nur temporär zur Verfügung stehen.

TikTok

TikTok stellt eine mobile Plattform dar, die dafür vorgesehen ist, Videos zu veröffentlichen. Ihren Ursprung besitzt die Plattform in China, wo sie im Jahre 2016 gegründet wurde. 2018 fusionierte TikTok dann mit der beliebten Plattform musical.ly. Seit die Plattform gegründet wurde, verzeichnet sie einen stetigen Wachstum. 2021 erreichte sie dann eine monatliche aktive Anzahl an Nutzer*innen von 689 Millionen, Auf der Plattform sind vorrangig jüngere Nutzer*innen vertreten, weshalb sie sich insbesondere für Dich als Unternehmen eignet, wenn Du eine junge Zielgruppe ansprechen möchtest.

Twitter

Bei Twitter handelt es sich um eine Plattform, die auf Kurznachrichten ausgerichtet ist und ursprünglich SMS-basiert war. Aufgrund dessen zeichnet sie sich auch dadurch aus, dass die Postings, die bei Twitter als sogenannte Tweets bezeichnet werden, maximal eine Zeichenlänge von 140 Zeichen umfassen können. Twitter umfasst eine erhebliche Bandbreite an Nutzer*innen, die aus den verschiedensten Sparten stammen. So sind nicht nur Privatpersonen auf Twitter vertreten, sondern ebenso auch Blogger*innen, Journalist*innen, Politiker*innen und nicht zuletzt natürlich auch Unternehmen. Somit ist es also möglich, über Twitter diverse Zielgruppen aktiv anzusprechen.

Neben dem Veröffentlichen von Tweets stehen Dir hierfür auch Werbeanzeigen zur Verfügung, die Du auf Twitter schalten kannst.

YouTube

YouTube ist eine Plattform, die ihren Ursprung in US-Amerika besitzt und im Jahre 2005 gegründet wurde. Einige Jahre später wurde YouTube dann zu einem Tochterunternehmen von Google.

YouTube stellt eine Plattform dar, die explizit dafür vorgesehen ist, Videos zu veröffentlichen. Mit dem Voranschreiten der Jahre wurden immer mehr Funktionen eingebunden, die denen der sozialen Netzwerke ähneln. Neben Blogbeiträgen gehört dazu beispielsweise neuerdings auch der Bereich der sogenannten „YouTube Shorts", die dafür angedacht sind, Kurzvideos zu veröffentlichen.

Gerade für Unternehmen stellt YouTube eine Plattform von Interesse dar – und zwar gleich in mehreren Hinsichten. So hast Du die Möglichkeit selbst Videos zu kreieren, in denen Du beispielsweise Informationen über Softwareupdates oder andere spezielle Themen mit den Nutzer*innen teilst und auf diese Weise zu einer Steigerung Deiner Werbepräsenz beiträgst. Darüber hinaus hast Du allerdings auch die Möglichkeit, Anzeigen zu schalten – dies kannst Du entweder über Banner oder aber über Werbespots, die den Nutzer*innen von YouTube vor oder auch während der Videos, die sie ansehen, eingeblendet werden.

Das Social Media Marketing in der Praxis

Wenn Deine Geschichten nur von Deinen Produkten und Dienstleistungen handeln, ist das kein Storytelling, Dann ist es eine Broschüre. Gib Dir selbst die Erlaubnis, Deine Geschichten größer zu machen.

- Jay Baer

Nun, wo Du das Grundwissen rund um die Thematik des Social Media Marketings kennengelernt hast, geht es an die Umsetzung in der Praxis. Dementsprechend wirst Du in diesem Kapitel erfahren, wie Du eine erfolgreiche Social Media Marketing Strategie entwickeln kannst, wie Dir der Einstieg in das Social Media Marketing sicher gelingt, welche Kennzahlen im Social Media Marketing von Relevanz sind und wie Du Deinen Erfolg letztlich messen kannst, um zu sehen, ob Deine Marketingmaßnahmen auch wirklich etwas gebracht haben.

Wie Du eine erfolgreiche Social Media Marketing Strategie entwickeln kannst

Um eine Social Media Marketing Strategie zu entwickeln, die von Erfolg gekrönt sein kann, solltest Du insbesondere sechs Schritte befolgen. Welche dies sind, erfährst Du nun.

1. Definiere Deine Ziele.

Zunächst ist es immens wichtig, Dich damit zu befassen, welche Ziele Du eigentlich mithilfe der Aktivitäten Deines Marketings in den sozialen Netzwerken verfolgst. Die möglichen Ziele hast Du in einem vorangegangenen Kapitel bereits kennengelernt. Beachte bei der Auswahl Deiner Ziele unbedingt, dass es die für Dich richtigen Ziele sind, die auch mit Deinen übergeordneten Unternehmenszielen vereinbar sind.

2. Recherchiere die Buyer-Personas sowie Deine Zielgruppe.

Um Deine Marketingstrategie adäquat entwickeln zu können, wirst Du nicht darum umherkommen, eine Definition Deiner Buyer-Personas und Deiner Zielgruppe vorzunehmen. Nur, wenn Du dies tust, ist es Dir möglich, auf die Anforderungen sowie auch die Interessen, die von ihnen vertreten werden, eingehen zu können. Vor diesem Hintergrund solltest Du Dich damit beschäftigen, welche Personen Du ansprechen möchtest und warum es ausgerechnet dieser Personenkreis ist. Überlege Dir diesbezüglich auch gleich, wie es Dir möglich wäre, diese Personen in eine Gruppe einzuordnen. Wenn Dein Unternehmen also beispielsweise mit dem Verkauf von modischen Leggings sowie Turnschuhen betraut ist, so bestünde die Möglichkeit, dass Du die Zielgruppe, die Du erreichen möchtest, als Millennials definierst, die ein großes Interesse an modischer, sportlicher Bekleidung pflegt. Dementsprechend wäre es eine

Generation, deren Geburt um die Jahrtausendwende herum stattfand. Wichtig ist, dass Du diese Buyer-Personas und Zielgruppen berücksichtigst und sie in Deine Überlegungen einbeziehst, was die Art der Inhalte, die Du veröffentlichen möchtest, betrifft. Wie kannst Du die Personen, die Du gerne als Follower*innen für Dich gewinnen möchtest, am besten erreichen? Erarbeite Dir einen Plan, wie es Dir gelingen kann, das Interesse jener Personen auf Dich zu ziehen.

3. Finde eine Social Media Plattform, die sich für Deine Ziele eignet.

Wenn Deine Verantwortlichkeit darin besteht, das Social Media Marketing anzustreben, so ist es von ungemeiner Bedeutung, dass Du Dir intensiv überlegst, welche Plattformen Du mit Deinen Inhalten bespielen möchtest. Bei der Auswahl einer solchen Plattform solltest Du zur Berücksichtigung ziehen, dass es nicht für alle Unternehmen eine allgemeingültige Lösung gibt.

Dementsprechend ist es wichtig, dass Du herausfindest, welche Anforderungen Deine Zielgruppe besitzt und auf welcher der sozialen Plattformen sie sich vorrangig aufhalten.

Wenn Du also beispielsweise die eben erwähnten Millennials erreichen möchtest, die sich gerne in sportlicher Kleidung kleiden, so ist es am sinnvollsten, wenn Du Dich auf Instagram fokussierst, da der Großteil der Nutzer*innen aus jungen Menschen besteht.

Neben Instagram gibt es natürlich, wie Du bereits gelernt hast, auch einige weitere soziale Plattformen, die Du für die Veröffentlichung Deiner Inhalte aktiv nutzen kannst.

- **Facebook**

Facebook umfasst jeden Monat knapp 3 Milliarden Nutzer*innen. In Deutschland bestehen die Nutzer*innen zu 68 Prozent aus Personen, die in einem Alter zwischen 20 und 29 Jahren alt sind.

- **Pinterest**

Das Netzwerk, welches sich rund um Bilder dreht, umfasst 440 Millionen Nutzer*innen verteilt über die ganze Welt, von denen ein Anteil von ¾ weiblichen Geschlechtes ist.

- **Snapchat**

Snapchat kann auf 500 Millionen Nutzer*innen verteilt über die ganze Welt blicken.

- **TikTok**

TikTok wird von 800 Millionen Nutzer*innen regelmäßig genutzt.

- **Twitter**

Das soziale Netzwerk Twitter besitzt 350 Millionen Nutzer*innen. Der größte Anteil der Nutzer*innen gehört dem männlichen Geschlecht an.

- **Whatsapp**

Whatsapp wird tagtäglich von 2 Milliarden Nutzer*innen verwendet. Dementsprechend ist der Messenger-Dienst kaum noch wegzudenken.

- **YouTube**

YouTube verzeichnet mehr als 2 Milliarden Nutzer*innen und gehört damit zu den größten Plattformen für Videos, die es unter den sozialen Plattformen gibt.

Damit es Dir möglich ist, die richtige Plattform zu finden, die sich für Deine Zwecke eignet, ist es also wichtig, dass Du die Unterschiede zwischen den einzelnen Kanälen kennst. Nur so kannst Du eine fundierte Entscheidung treffen.

4. **Kreiere Inhalte, die nicht nur einzigartig, sondern auch interessant sind.**

Die sozialen Medien werden weltweit von Milliarden an Nutzer*innen verwendet. Demzufolge kannst Du damit rechnen, dass eine Vielzahl der Nutzer*innen, die auf Dein Profil stoßen werden, auch Inhalte angezeigt bekommen, die Deiner Konkurrenz und brancheneigenen, anderen Unternehmen zugehörig sind. Umso wichtiger ist es, dass Du Dich von Deiner Konkurrenz absetzt. Dies gelingt Dir am ehesten, indem Du Inhalte in den sozialen Medien veröffentlichst, die interessant wirken. So erschaffst Du einen echten Grund dafür, dass die Besucher*innen Deines Profils auch zu Follower*innen werden und sich in eine Interaktion mit Deiner Marke begeben. Von Dir ist also einiges an Kreativität gefragt. Sieh Dir dafür doch einfach einmal die Inhalte an, die Deine Konkurrenz veröffentlicht und mache Dir dann Gedanken darüber, wie Du Deine eigenen Dienstleistungen und Produkte auf besondere Art und Weise bewirbst. Dafür kannst Du auch all die Funktionen nutzen, die Dir die Plattform, die Du für Deine Inhalte verwenden möchtest, anbietet.

Facebook bietet Dir beispielsweise die Möglichkeit, ein Live-Video zu drehen, im Rahmen dessen Du alle möglichen Informationen und Details rund um Deine Dienstleistungen, Produkte oder auch Geschenkaktionen teilen kannst. Für Dein Unternehmen ist es des Weiteren eine große Hilfe, wenn Deine Kund*innen Dir treu bleiben und sich für Deine Dienstleistungen beziehungsweise Produkte aussprechen. Denn genau diese Aspekte kannst Du auch dafür nutzen, neue Inhalte zu erstellen.

Beispielsweise kannst Du auch einfach die Inhalte, die Deine Kund*innen über Deine Dienstleistungen und Produkte verfassen, teilen und Deine Kund*innen dazu motivieren, dass sie unter der Verwendung eines bestimmten Hashtags ihre eigenen Erfahrungen und möglicherweise auch Bilder teilen.

5. Erstelle einen Zeitplan für Deine Beiträge.

Es gibt einige gezielte Lösungen für das Management Deiner Social Media Präsenzen, die Dir dabei helfen, Deine Inhalte, die Du veröffentlichen möchtest, nach einem zeitlichen Schema zu publizieren. Die entsprechenden Tools ermöglichen es Dir, Bildunterschriften zu verfassen und sowohl Deine Bilder als auch Deine Videos vorzubereiten und sie dann im Nachgang für die Zukunft zu planen. Außerdem sind diese Tools dafür geeignet, das Social Media Monitoring automatisiert aufzusetzen. Auf diese Weise kann es Dir einiges an Zeit einsparen, die Du dann dafür aufwenden kannst, andere bedeutungsvolle Aufgaben zu vollziehen. Um Dir aber einige der Tools beispielshaft zu erklären, damit Du ein besseres Verständnis hierfür entwickeln kannst:

- **Hootsuite**

Dieses Tool ermöglicht es Dir, dass Du ganz gezielt Deine Inhalte suchst, eine zeitliche Planung vornimmst, Du Deine Inhalte verwaltest und auf diese bezogene Berichte erstellst. Hootsuite bietet Dir die Chance, Deine Inhalte schon im Vorhinein auf diversen Kanälen zeitgleich zu verplanen und den entsprechenden ROI darauf mithilfe einer Content-Analyse messbar zu machen.

- **HubSpot**

HubSpot bietet Dir ein Social Media-Tool an, mit dem Dir die Veröffentlichung Deiner Inhalte erleichtert wird und was Dir dabei hilft, die Beziehung zu Deinen Follower*innen effektiv aufzubauen. Das Tool bietet Dir die Möglichkeit der Vorausplanung und automatisierten Veröffentlichung Deiner Inhalte. Zudem kannst Du mithilfe des Tools einen detaillierten Bericht erhalten, der sich mit den Interaktionen, die mit Deinen Beiträgen stattfinden, befasst und Dir einen dementsprechenden Einblick sowohl in die Performance unterschiedlicher Plattformen, die Typen der Inhalte und die Zeiten der Veröffentlichungen bietet.

- **Sprout Social**

Dieses Tool dient nicht nur dem Social Media Marketing, sondern ebenso auch dessen Management. Es ist eine Lösung, die Deinem Team eine Unterstützung bei der Organisation sowie der Planung der Erstellung Deiner Inhalte und dem Management Deiner Kampagnen bieten kann. Außerdem lässt Dich dieses Tool überblicken, welche Interaktionen mit Deinen Beiträgen stattfinden und zeigt Dir zudem sowohl Analysen als auch Berichte über Deine Inhalte an.

6. Analysiere Deinen Einfluss und Deine Ergebnisse.

Bei Deinem Social Media Marketing geht es vorrangig darum, mit den Aktivitäten, die Du anstrebst, gesetzte Ziele zu verfolgen und diese schlussendlich auch zu erreichen. Um also nachvollziehen zu können, ob Du Dich bereits auf dem besten Weg hierzu befindest, ist es unumgänglich, Deine eigenen Beiträge – und zwar alle und auf jedem Kanal – zu verfolgen. Hierfür empfiehlt es sich, dass Du eine Prüfung und Steuerung der Social Media Kennzahlen vornimmst, um in Erfahrung zu bringen, ob es Dir möglich sein wird, die gesetzten Ziele zu erreichen oder ob Du diese womöglich sogar deutlich mehr erfüllst, als Du es Dir eigentlich vorgenommen hast.

Wie Dir der Einstieg in das Social Media Marketing gelingt

Damit Dir der Einstieg in das Social Media Marketing gelingt, gibt es einige Aspekte, die Du dabei beachten solltest. Nachstehend findest Du zehn Aspekte, die besonders zum Beginn von Bedeutung sind.

1. Befasse Dich zunächst mit der Frage, aus welchen Gründen Du das Social Media Marketing verfolgen solltest und welche Ziele Du mit diesem verfolgst.

2. Nimm eine Analyse Deiner Zielgruppe vor, um auf diese Weise herauszufinden, wen Du eigentlich am besten ansprechen solltest.

3. Entwickle Meilensteine und Ziele, die Dir dabei helfen können, Deinen Erfolg zu messen und dementsprechend Maßnahmen abzuleiten, die Du zukünftig umsetzen kannst.

4. Entscheide Dich für einen oder auch mehrere Kanäle, die für Dich von Relevanz sind. Achte jedoch darauf, nicht zu viele Kanäle für Dich auszuwählen. Immerhin ist es ausreichend, wenn Du genau die Kanäle für Dich wählst, auf denen Du die Personen erreichst, die für Dich von Bedeutung sind.

5. Sorge dafür, dass Du ein Alleinstellungsmerkmal für Dich entwickelst, mit dem Du sicherstellen kannst, dass Du auch nachhaltig im Gedächtnis der Nutzer*innen bleibst.

6. Beachte die Netiquette, die auf der entsprechenden Plattform vorherrschend ist. In aller Regel wirst Du am weitesten kommen, wenn Du stets freundlich bleibst und einen guten Ton pflegst, sodass die Nutzer*innen Dich wertschätzen können.

7. Verfolge die Konsequenz, und zwar in jede Richtung. Auf diese Weise sorgst Du dafür, dass Du verlässlich wirkst. Sollte eine Strategie jedoch nicht so funktionieren, wie Du sie bisher anstrebst, solltest Du Dich auch trauen, diese zu verändern.

8. Tritt in eine direkte Kommunikation mit Deiner Zielgruppe – zeige dabei aber immer auch Menschlichkeit. So kannst Du eine Ebene der Beziehung sowie nicht zuletzt auch Vertrauen erschaffen.

9. Entwickle ein Gefühl dafür, welche Arbeitsweise Du auf der entsprechend genutzten Plattform einschlagen solltest, sodass Du von Deiner Zielgruppe ernstgenommen wirst.

10. Sorge dafür, dass Du stets Dir selbst treu bleibst. Unterlasse jegliche Versuche, Dich selbst zu verbiegen nur aufgrund der Annahme, dass Du auf diese Weise schneller zu Erfolg kommen wirst. Das, worauf es ankommt und was letztlich immer gewinnt, ist die Authentizität – sowohl in der Kommunikation mit Deiner eigenen Zielgruppe als auch hinsichtlich Deines Gesamtauftritts.

Die Kennzahlen des Social Media Marketings

Es gibt einige Kennzahlen, die Dir im Social Media Marketing einen Aufschluss darüber gewähren, wie sich Dein Einfluss, den Du auf Deine Kundschaft und Zielgruppe besitzt, und die Performance Deiner Inhalte gestalten. In diese Kennzahlen können mitunter Follows, die Interaktionsintensität, Likes, Shares sowie auch diverse weitere Interaktionen hineinfallen.

- **Follower*innen**

Die Follower*innen beschreiben jene Personen, die auf Deiner Seite die Schaltfläche „Folgen" aktiviert haben. Dementsprechend werden sie regelmäßig mit den Inhalten, die Du veröffentlichst, in ihrem Feed versorgt.

- **Impressionen**

Unter den Impressionen ist die Anzahl an Aufrufen zu verstehen, die entweder auf Deinem Beitrag in Deinem Profil oder aber auf Deiner Seite stattgefunden haben. Hierbei wird nicht zur Berücksichtigung gezogen, ob der Beitrag aktiv angeklickt wird. Häufig geschieht dies zum Beispiel dann, wenn die Nutzer*innen lediglich durch ihr Newsfeed schauen, ohne dabei wirklich einen der Beiträge aufzurufen.

- **Interaktion**

Die Interaktion schließt die Aktivitäten der Nutzer*innen, wie beispielsweise die Antworten auf die Beiträge, die Du in den sozialen Medien veröffentlichst, Klicks, Kommentare sowie auch Likes, ein. Darüber hinaus gibt es in Abhängigkeit zu der entsprechenden Plattform auch gewisse Interaktionstypen, zu denen mitunter auf Instagram die gespeicherten Postings oder auf Pinterest die gepinnten Posts gehören.

- **Mentions**

Die Mentions beschreiben die Anzahl, wie häufig Dein Profil durch die Nutzer*innen Deiner Zielgruppe in den Beiträgen, die sie selbst verfassen, erwähnt wird.

- **Profilaufrufe**

Bei den Profilaufrufen handelt es sich um die Anzahl der Personen, die aktiv Deine Seite in den sozialen Medien öffnen.

- **Reichweite**

Unter der Reichweite kannst Du die Anzahl der Personen verstehen, die die Inhalte gesehen haben, die Du auf Deiner Seite veröffentlichst oder auch Dein Profil als solches.

- **Reposts**

Das Reposten beschreibt den Umstand, wenn Nutzer*innen Deiner Zielgruppe einen Deiner veröffentlichten Inhalte in ihrem eigenen Profil veröffentlichen.

- **Shares**

Bei den Shares handelt es sich um Beiträge, die Du selbst in Deinem Profil veröffentlicht hast und die dann von den Nutzer*innen Deiner Zielgruppe in anderen Netzwerken weitergeteilt werden.

- **Tags**

Die Tags bezeichnen das Einfügen Deines Hashtags oder des Namens Deines Unternehmens durch die Nutzer*innen Deiner Zielgruppe in Beiträgen.

- **Videoaufrufe**

Die Videoaufrufe beschreiben die Anzahl jener Aufrufe, die auf Facebook, Instagram, Snapchat, YouTube oder aber einem anderen Kanal der sozialen Medien, der die Funktion von Videos anbietet, stattfinden.

Um diese Kennzahlen zu beeinflussen sowie auch zu einer Erhöhung Deiner Follower*innen in den sozialen Netzwerken und einer Verbesserung der Interaktionsrate Deines Profils beizutragen, empfiehlt es sich, dass Du dieselben Taktiken nutzt, die Du auch anwendest, um Leads zu generieren und Deine Konversionsrate zu verbessern.

Außerdem ist es anzuraten, dass Du häufiger in die Interaktion mit Deinen Follower*innen trittst. Dies kannst Du nicht nur schaffen, indem Du mit Deinen Follower*innen kommunizierst, sondern auch, indem Du Inhalte taggst, Du auf ihre Fragen eingehst und Likes bei den Beiträgen hinterlässt, die sie veröffentlichen. Außerdem solltest Du Wert darauflegen, ermutigend auf Deine Follower*innen einzuwirken, dass sie aktiv Deine Hashtags nutzen und Deine Inhalte weiterteilen.

Wie Du Deinen Erfolg messen kannst

Um Deinen Erfolg im Social Media Marketing zu messen gibt es eine Vielzahl an Möglichkeiten, die Du anwenden kannst. Beispielsweise kannst Du Dir die Analytics-Tools zunutze machen, die Dir auf den unterschiedlichen Plattformen zur Verfügung stehen wie die Instagram Insights oder auch Twitter Analytics.

Darüber hinaus gibt es aber auch weitere Analytics- und Tracking-Tools, wie es Dir mitunter Google Analytics bietet. Hierbei handelt es sich um ein Tool, welches Du insbesondere dann besonders gut anwenden kannst, wenn Du verfolgen möchtest, wie sich Deine Social Media Kennzahlen entwickeln. Eine Vielzahl der Planlösungen, die es für die sozialen Medien gibt, umfassen spezielle Funktionen für das Monitoring und Tracking.

Nutzt Du diese Tools, so ist es Dir möglich, Aufschluss darüber zu erhalten, welche Dinge bei den Personen, die Dir folgen oder auch Menschen, die Deiner Zielgruppe angehören, auf besonderes Interesse stoßen. Außerdem bieten sie Dir einen Überblick darüber, welche Aspekte Du eventuell für eine Veränderung in Betracht ziehen solltest, um auf diese Weise aktiv zu einer Verbesserung der Interaktionsrate beitragen zu können.

Was nun für Dich persönlich als Erfolg anzusehen ist, ist wiederum eine Angelegenheit, die Du für Dich selbst abwägen musst. So gibt es Unternehmen, die kontinuierlich messen, welche Reichweite ihre Beiträge erzielen und diese mit den Zahlen vergleichen, die sie mit dem klassischen Marketing erreichen konnten, während es dem gegenüber auch Unternehmen gibt, die ihren Erfolg in Abhängigkeit dazu stellen, dass der Return on Ad Spend, kurz ROAS, einen positiven Wert hervorbringen.

Die Chancen und Risiken des Social Media Marketings

Erfolgreiches Marketing ist immer einfach. Es gründet sich auf solide Arbeit bei Produkten und Dienstleistungen – und am wichtigsten, auf Wahrheit.

\- Michael J. Pabst

Das Social Media Marketing umfasst eine Vielzahl an Möglichkeiten, die Dir eine Erhöhung Deiner Bekanntheit und Deiner Reichweite erleichtern können. Triffst Du die Entscheidung die richtigen Maßnahmen umzusetzen, so kannst Du die sozialen Plattformen als einen Kanal für die Kommunikation nutzen, mit der Du Deine Kund*innen und jene, die es noch werden könnten, begeistern kannst. In diesem Kapitel erfährst Du mehr über die Chancen und Risiken, die das Social Media Marketing mit sich bringen kann.

Die Chancen

Allein in Deutschland werden die sozialen Medien tagtäglich von vielen Nutzer*innen besucht – nur auf Facebook sind es jeden Tag bereits 21 Millionen Menschen und somit ¼ der Gesamtbevölkerung, die in Deutschland lebt. Hierunter befinden sich auch potenzielle Kund*innen, die Du mit Deinem Social Media Marketing erreichen möchtest. Umso interessanter sind die Chancen, die von dem Social Media Marketing für Dich und Dein Unternehmen ausgehen.

- **Der Aufbau eines Status als Expert*in**

Mit Deinen Dienstleistungen und Produkten, die Du Deinen Kund*innen anbietest, solltest Du am besten eine Nische des Marktes besetzen, in der Du Dich am besten auskennst. In diesem Zusammenhang bietet es sich an, wenn Du Informationen zur Verfügung stellst, die für die Interessent*innen kostenlos sind. Hierbei kannst Du auch Diskussionen aufgreifen und auf diese Weise das Vertrauen Deiner (potenziellen) Kund*innen erlangen.

- **Der Aufbau von Kund*innennähe**

Die meisten sozialen Netzwerke bieten den Nutzer*innen eine Kommentarfunktion, die sich unter den Beiträgen befindet. Jene Funktion bietet sich auch für Dich zur Nutzung an. Frage dementsprechend bei Deinen potenziellen Kund*innen nach Feedback, erstelle Umfragen und sieh Dich um, welche Meinungen es über Dich und Dein Unternehmen gibt. Begib Dich darüber hinaus auch in einen Dialog sowohl mit Deinen bereits bestehenden Kund*innen als auch mit denen, die es womöglich noch werden könnten.

- **Die Bekanntheit Deiner Marke erhöhen**

Bietest Du mit Deinem Unternehmen Dienstleistungen oder auch Produkte an, die Deine Zielgruppe nirgendswo anders in dieser Form erhalten kann? Dann ist die Wahrscheinlichkeit hoch, dass Du mit der Exklusivität Deines Angebotes die Bekanntheit Deiner Marke erhöhen kannst. Um das Ganze zu unterstützen, kannst Du in den sozialen Medien einige Maßnahmen umsetzen. Besonders gut eignen sich beispielsweise unterschiedliche Aktionen, Kampagnen oder auch Veranstaltungen, mit denen Du Dich und Dein Unternehmen einer breiten Zuschauerschaft vorstellen kannst.

- **Die Optimierung Deines Images**

Fokussiere Dich mit Deinen Beiträgen, die Du in den sozialen Medien verfasst, auf die Zielgruppe, die Du mit ihnen erreichen möchtest. Bespiele Deine Kanäle also immer mit Inhalten, die für Deine Zielgruppe von Interesse sind und orientiere Dich an den Bedürfnissen, die sie haben. Dies sorgt dafür, dass ein positiver und vor allem bleibender Eindruck bei Deinen Kund*innen verbleibt.

- **Die Verbesserung des SEO-Rankes**

Suchmaschinen können in den sozialen Netzwerken schlichtweg nicht genutzt werden. Dementsprechend bedeutet dies im Umkehrschluss jedoch auch, dass die Links, die über die sozialen Medien verteilt werden, keinen unmittelbaren Einfluss auf die Suchmaschinenoptimierung besitzen. Allerdings beinhalten die Beiträge, die veröffentlicht werden und sich verbreiten recht häufig Links, die letztlich auf externe Seiten verweisen. Und nun kommt der Clou, denn jene Zugriffe, die auf die Seiten erfolgen und über die Links, die über die sozialen Medien geteilt wurden, stattfinden, werden wiederum von den Suchmaschinen wahrgenommen und registriert. Je öfter es Dir nun also gelingt, die Besucher*innen von Deinen Beiträgen auch auf Deine Webseite zu bringen, desto bedeutsamer wird Deine Webseite auch für das Suchmaschinenranking.

- **Die Verbesserungen von Produkten**

Verfolgst Du mit Deinem Handeln eine Art, die sich an Deinen Kund*innen orientiert, so wirst Du zu Deinen Dienstleistungen und Produkten in der Regel auch ein Feedback erhalten. Gerade in den sozialen Medien können sich die Meinungen recht schnell bilden, was Dir hinsichtlich der Verbesserung Deiner Produkte zugutekommt.

- **Verfasse virale Beiträge**

Unter dem englischen Begriff viral kannst Du in etwa so viel verstehen, dass Beiträge, die als besonders spannend erachtet werden, sich binnen kürzester Zeit über einen weiten Raum hinweg verbreiten können. Sorgst Du dafür, dass Deine Beiträge spannend wirken, so erhöhst Du die Chance dafür, dass Du bei Deinen (potenziellen) Kund*innen im Gedächtnis bleibst. Um Deine Inhalte spannend zu gestalten kannst Du auf unterschiedlichste Dinge zurückgreifen – Bilder, GIFs, Grafiken, Memes, Live-Videos, Videos oder vieles mehr – Dir sind hier kaum Grenzen gesetzt.

Die Risiken

Für Dich ist es wichtig zu wissen, dass die Risiken, die mit dem Social Media Marketing einhergehen können, insbesondere darin begründet liegen, wenn Du völlig ohne Strategie vorgehst und Du die sozialen Medien lediglich mit dem Zweck nutzt, Dich selbst darzustellen und Werbung zu schalten. Die Risiken, die hieraus resultieren können, findest Du folgend:

- **Die Knappheit an Ressourcen**

Es ist nicht selten, dass sich die Unternehmer*innen einen Großteil der anfallenden Aufgaben selbst aufbürden. Zwar ist dies grundsätzlich auch in den sozialen Medien möglich, kann allerdings schnell zu einer echten Überforderung führen. Allein für die Konzeption der Ziele, die Du mit dem Social Media Marketing erreichen möchtest, ist es dementsprechend empfehlenswert, dass Du Dir eine Agentur oder eine*n externe*n Berater*in suchst, die Dir hierbei zur Hand gehen können. Auch die weiteren Routineaufgaben, die anfallen, solltest Du bestenfalls auf mehrere Personen aufteilen. Sollte sich ein Personalmangel in Deinem Unternehmen zwecks der Aufgaben innerhalb der sozialen Medien anbahnen oder dieser bereits bestehen, ist es von immenser Bedeutung, dass Du ihn ernst nimmst.

- **Ein Mangel an Know How**

Ist es Dein Ziel, Dich und Dein Unternehmen in den sozialen Medien zu etablieren, so wirst Du Dich unumgänglich damit beschäftigen müssen, was hinter den sozialen Medien überhaupt steht. Und das umfasst nicht nur die Erstellung von Inhalten, die Du schlussendlich in den sozialen Medien veröffentlichen kannst, sondern auch die kontinuierliche Weiterbildung. Insbesondere neue soziale Medien können mit erheblichen

Chancen für Dich einhergehen – jedoch nur dann, wenn Du die dort geltenden, eigenen Regeln beachtest. Vor diesem Hintergrund ist es wichtig, dass Du Dir nachhaltig Dein Know How in diesem Bereich aneignest.

- **Feedback negativer Art**

Es kommt nicht selten vor, dass sich die Nutzer*innen der sozialen Medien in der scheinbaren Anonymität des Internets wiegen und sie dementsprechend negativer Kommentare auf Deiner Seite hinterlassen. Doch eben jenen Kommentaren solltest Du ein besonderes Maß Deiner Aufmerksamkeit widmen, wenngleich Du dennoch die Ruhe bewahren solltest. Es ist am besten, wenn Du auf Kommentare aller Art offen reagierst, denn genau hieraus resultiert nicht selten, dass Deine Offenheit Dir von Deinen Kund*innen hoch angerechnet wird.

- **Krisen**

Es gibt vielfältige Gründe, die dafür sorgen können, dass echte Krisen eintreten. Nicht immer sind diese Krisen dem Unternehmen selbst geschuldet, was jedoch kurzfristig womöglich zu einem echten Kontrollverlust über Deine Kanäle in den sozialen Medien führen kann.

Schlimmstenfalls kann es sogar sein, dass Du einen echten Shitstorm erleben wirst. Am besten ist es, wenn Du auf diese möglichen Situationen bereits im Vorhinein vorbereitet bist. Hierfür solltest Du Dich aufgrund dessen schon im Vorhinein damit befassen, was es mit einem Shitstorm und Trollen auf sich hat, sodass Du im Fall der Fälle möglichst zügig und nachhaltig auf die entsprechende Situation eingehen kannst.

Das Social Media Marketing und die Rahmenbedingungen

Wir müssen aufhören, Leute bei dem zu unterbrechen, was sie interessiert und das sein, was sie interessiert.

- Craig Davis

Im Social Media Marketing gelten einige Rahmenbedingungen, die Du unbedingt beachten und nach ihnen handeln solltest. Dementsprechend gehen wir in diesem Kapitel auf die rechtlichen Rahmenbedingungen sowie auch die Herausforderungen ein, die im Zusammenhang mit dem Social Media Marketing auftreten können.

Die rechtlichen Rahmenbedingungen

Seit es das Internet gibt, haben sich ungeahnte Möglichkeiten ergeben, die mitunter auch das Marketing umfassen. Nicht zuletzt offeriert das Internet Unternehmen die Chance, eine effektive Erhöhung der Aufmerksamkeit mittels klassischer Formen der Werbung wie beispielsweise das Email-Marketing, gleichermaßen aber auch durch das Influencer- und Social Media Marketing, das Keyword-Advertising und die SEO-Optimierung. Alles ist heutzutage im Internet möglich – jedoch nicht zwingend auch gleich erlaubt. Denn auch im Internet gibt es, wie auch überall sonst, Regeln, an die Du Dich halten musst und die sich insbesondere auf die faire und lautere Werbung beziehen.

Das Social Media Marketing

Die sozialen Medien bieten Dir Wege an, über die Du Dich im Internet präsentieren, kommunizieren und interagieren kannst, die jene Wege der klassischen Wege der Kommunikation überschreiten. Für die Werbemaßnahmen in den sozialen Medien kannst Du Dich zwischen drei Dingen entscheiden – der Darstellung in Deinem eigenen Profil, dem Influencer-Marketing sowie dem Kauf von Werbeanzeigen.

- **Die Darstellung in Deinem eigenen Profil**

Das Profil, das Du Dir selbst in den sozialen Medien anlegst, kannst Du in einen Vergleich mit der Webseite Deines Unternehmens setzen – zudem gelten bei beidem auch die gleichen Regeln, die Du beachten musst. Zu den wichtigsten allgemeinen Themen gehören hierbei der Datenschutz, die Impressumspflicht, das Teilen von Inhalten sowie das Urheberrecht, die Transparenz sowie die Wahrheit und die Vorschriften.

- **Der Datenschutz**

Auch in den sozialen Medien gilt zwecks des Datenschutzes keine Ausnahme. Wenn Du eine Speicherung von personenbezogenen Daten vornimmst, sprich von den Besucher*innen Deines Profils oder aber den Nutzer*innen und Du diese Informationen womöglich sogar verarbeitest oder weitergibst, so musst Du zwingend zunächst überprüfen, ob es Dir vor dem Hintergrund des Datenschutzes erlaubt ist.

- **Die Impressumspflicht**

Legst Du ein Profil in den sozialen Medien an, so bist Du als Unternehmen dazu verpflichtet, ein Impressum auf Deinem Profil zu veröffentlichen, welches denselben Inhalt umfasst wie das Impressum, welches Du auf Deiner Webseite verwendest.

- **Das Teilen von Inhalten und das Urheberrecht**

Es ist Dir nicht erlaubt, Bilder, Fotos, genauso wie auch Texte und Videos, die fremde Menschen erstellt haben, über die sozialen Medien zu teilen, wenn Dir nicht die entsprechende Erlaubnis durch die Urheber*innen beziehungsweise die entsprechenden Rechteinhaber*innen vorliegen. Gleichermaßen gilt dies auch für die Vervielfältigung und Weiterverbreitung jener Inhalte. Dementsprechend solltest Du am besten schlichtweg auf das Teilen von fremden Inhalten gänzlich verzichten oder Dich aber zumindest im Vorhinein erkundigen, ob es durch das Teilen zu einer Verletzung von Urheberrechten kommt.

- **Die Transparenz und die Wahrheit**

Die Aussagen, die Du im Rahmen Deiner Werbung triffst, müssen der Wahrheit entsprechen und transparent sein. Verschleierst Du wichtige Informationen oder spielst falsche Tatsachen vor, so gilt dies als unzulässig und kann infolgedessen sogar eine Abmahnung aus wettbewerbsrechtlichen Gründen nach sich ziehen.

- **Die Vorschriften**

Betreibst Du mithilfe der sozialen Medien einen Onlinehandel, so musst Du Dich hierbei explizit an dieselben Vorschriften halten, die auch für einen klassischen Onlineshop vorherrschen. Zudem besitzt Du in einem solchen Fall ebenso auch die Informationspflichten. Darüber hinaus gibt es bei den sozialen Medien natürlich auch noch einige besondere Themen, die ebenfalls angesprochen werden sollten:

- **Die Aussagen und Posts, die strafbar sein können**

Jegliche Form von Äußerungen, die Beleidigungen implizieren, Verleumdungen umfassen oder auch jegliche sonstige Behauptungen, die bewusst unwahre Tatsachen umfassen, sind strafbar – und zwar auch in den sozialen Medien.

- **Die Fake Fans**

Natürlich besitzt die Anzahl Deiner Fans und Follower*innen in den sozialen Medien vor allem im Hinblick auf die Außendarstellung Deines Unternehmens eine erhebliche Bedeutung – immerhin können sie durchaus widerspiegeln, wie beliebt Dein Unternehmen ist und folglich auch einen gewissen Beitrag zu einem positiven Image bei den Nutzer*innen leisten. Allerdings kann es sehr irreführend werden, wenn die Beliebtheit Deines Unternehmens aufgrund von gekauften oder gefälschten Follower*innen lediglich vorgespielt wird. Genau dies ist auch der Grund dafür, warum es unzulässig und wettbewerbswidrig ist, wenn Du Deine Werbung mit gekauften beziehungsweise gefälschten Fans umsetzt.

- **Die Fans und die Gewinnspiele**

Das Veranstalten von Gewinnspielen gilt als eine besonders beliebte Variante, um neue Kund*innen oder zumindest Follower*innen dazuzugewinnen. Dementsprechend naheliegend wäre es dementsprechend auch, die Gewinnspielteilnahme in Abhängigkeit zu dem entsprechenden Fan-Status zu setzen. Ein Beispiel hierfür wäre, dass nur jene Personen berechtigt sind, an dem Gewinnspiel teilzunehmen, die Deiner Unternehmensseite auf der entsprechenden sozialen Plattform auch einen Like gegeben haben. Jedoch sind solche Teilnahmebedingungen, die die Nutzer*innen zwingend darin binden, gewisse Voraussetzungen wie das Folgen oder Liken für die Teilnahme zu erfüllen, sowohl unzulässig als auch wettbewerbswidrig.

- **Die Haftung für Rechtsverstöße seitens der Mitarbeiter*innen**

Die Regeln des Wettbewerbsrechtes sowie auch andere Rechtsvorschriften gelten für alle Mitarbeiter*innen eines Unternehmens – und zwar auch dann, wenn sie sich in den sozialen Medien „privat" aufhalten. Werden also Äußerungen rechtswidriger Art durch Mitarbeiter*innen getroffen, so können diese selbst dann auf ein Unternehmen zurückgehen, wenn sie auf dem privaten Profil der Mitarbeiter*innen veröffentlicht werden. Dies ist insbesondere dann der Fall, wenn ein objektiver Zusammenhang zwischen den Aussagen und der Tätigkeit der Mitarbeiter*in im Unternehmen erkennbar ist.

- **Das Influencer-Marketing**

Ein wichtiger Bestandteil der Werbung innerhalb der sozialen Medien wird durch das Influencer-Marketing abgebildet. Hierbei kommt es zum Einsatz von sogenannten Influencer*innen, sprich Personen, die über eine große Reichweite verfügen und in den sozialen Medien stark präsent sind. Sie werden vor allem zum Zwecke des Bewerbens von Dienstleistungen und Produkten im Internet gebucht, weshalb das Marketing-Potenzial, was von ihnen ausgeht, nicht zu unterschätzen ist. Dennoch musst Du auch im Influencer-Marketing einige rechtliche Regelungen beachten.

Eine dieser Regeln besteht in einer leichten – und dies impliziert auf den ersten Blick – Erkennbarkeit, dass es sich bei den entsprechenden Inhalten um Werbung handelt. Da Werbung nicht immer gleich auf den ersten Blick als solche erkennbar ist und es häufig schwerfallen kann zu erkennen, dass die Äußerungen lediglich zur Förderung des Absatzes einer Dienstleistung oder eines Produktes führen sollen, ist es verpflichtend, Werbung als solche zu kennzeichnen – und zwar in allen Kanälen der sozialen Medien. Ab wann eine Äußerung allerdings als Werbung anzusehen ist, ist eine Einzelfallentscheidung:

- **Anhaltspunkte**

Zu den Anhaltspunkten gibt es eine klare Rechtssprechung, die besagt, dass eine klare Abgrenzung zwischen den Werbeinhalten beziehungsweise der Kommunikation kommerzieller Art zu jenen Inhalten sonstiger Art, beispielsweise Informationen auf der eigenen Seite über die eigenen Produkte, stattfinden oder zumindest eine deutliche Kennzeichnung vorhanden sein muss. Ab wann ein Hinweis als ausreichend deklariert werden kann steht in Abhängigkeit zu der Platzierung und der Wahl der Worte.

- **Indizien**

Indizien, die darauf hindeuten können, dass es sich in einem bestimmten Fall um Werbung handelt, sind beispielsweise jene, indem explizit Marken markiert werden, Verlinkungen zu Unternehmensseiten vorgenommen werden oder auch eindeutige Hashtags des Unternehmens verwendet werden. Auch für die Praxis gibt es einige Tipps, an die Du Dich halten kannst, um Dir dieses komplexe Thema ein wenig zu erleichtern:

- Kennzeichne die Werbung, die Du im Internet und vor allem in den sozialen Netzwerken betreibt, am besten immer gleich zu Beginn Deines Beitrages.
- Verwende für die Kennzeichnung Deiner Beiträge mit werblichem Inhalt am besten immer Begriffe wie „Anzeige" oder „Werbung".
- Sei vorsichtig was die Verwendung gewisser Hashtags wie beispielsweise #ad, #collaboration oder #sponsored betrifft, denn jene Hashtags sind entsprechend der aktuellen Rechtsprechung noch nicht für die Kennzeichnung von Werbung zulässig.

Nutzt Du als Unternehmen Instagram, so gibt es hier noch einige gesonderte Aspekte, die Du bei Deinem Influencer-Marketing berücksichtigen und beachten solltest:

- Die Bekanntheit der gewählten Influencer*innen entbindet Dich nicht von Deiner Pflicht, die Inhalte als Werbung zu markieren

- Wird die Werbung im Rahmen von einer Story veröffentlicht, so gilt hier ebenso die Verpflichtung zur Kennzeichnung. Innerhalb von Stories kannst Du dies beispielsweise direkt unterhalb des Namens des / der Influencers / Influencerin anbringen oder aber vor der Werbesequenz ein Bild mit dem Hinweis „paid partnership with" einbauen, um auf die folgende Werbung aufmerksam zu machen. Letzteres bedeutet jedoch weiterhin, dass Du auch die Werbesequenz an sich als Werbung kennzeichnen musst.

Doch was passiert, wenn das Influencer-Marketing trotz allem dennoch als Schleichwerbung erachtet wird? In einem solchen Fall drohen sowohl den Influencer*innen als auch Dir als Unternehmen Konsequenzen – und zwar nicht nur in Form von Kosten, sondern auch durch Abmahnungen wettbewerbsrechtlicher Art durch Deine Konkurrenz oder die Verbraucherschutzverbände. Stammen die Abmahnungen von Deiner Konkurrenz, so ist es ihnen sogar möglich, Schadensersatz von Dir zu verlangen.

- **Der Kauf von Werbeanzeigen**

Jede soziale Plattform ermöglicht es Dir, gezielt Werbeanzeigen zu erwerben, um sie im Anschluss werbewirksam zu platzieren. Jene Werbeanzeigen befinden sich in aller Regel inmitten der Beiträge, die von den Nutzer*innen der sozialen Netzwerke erstellt werden. Im Hinblick auf die Werbung gelten hier die gleichen Regeln wie auch für die Werbung außerhalb des Internets. Das heißt Du musst Deine Werbeanzeigen in jedem Fall klar erkennbar kennzeichnen, sodass sie von redaktionellen Texten unterschieden werden können. Zudem ist es wichtig, dass Du Deine Werbung transparent und wahr gestaltest.

Die Bewertungen von Kund*innen

Für viele Personen, die das Internet nutzen, sind die Bewertungen von anderen Kund*innen ein nicht zu verachtender Faktor, der ihnen Orientierung dabei bietet zu entscheiden, welche Seite sie nun aufrufen sollen und wo sie ihre Bestellung tätigen. Dementsprechend wichtig und positiv wirken sich gute Bewertungen aus – und zwar völlig unabhängig davon, ob sie sich auf Deiner eigenen Seite oder auf speziellen Portalen befinden, die sich auf Bewertungen ausgerichtet haben. Das heißt gute Bewertungen können maßgeblich zu einer Steigerung des Erfolges Deines Unternehmens beitragen, während negative Bewertungen im Gegensatz dazu sogar einen erheblichen Schaden anrichten können.

Kaum verwunderlich ist es vor diesem Hintergrund also, dass Unternehmen mit dem Gedanken spielen, sich Bewertungen von Kund*innen zu kaufen, um so den eigenen Unternehmenserfolg zu steigern. Warum dies jedoch kritisch ist, erfährst Du in diesem Kapitel. Doch zu Beginn ist es wichtig, sich erst einmal mit dem richtigen Umgang mit Bewertungen auseinanderzusetzen. Grundsätzlich solltest Du Dich bei dem Umgang mit Bewertungen an vier Punkte halten:

1. Beobachte stets die Bewertungen, die bei Deinem Unternehmen oder woanders, beispielsweise auf Bewertungsportalen, über Dich veröffentlicht werden – und zwar sowohl die positiven als auch die negativen Bewertungen.

2. Entdeckst Du Rezensionen von Kund*innen so reagiere umgehend auf diese. Verhalte Dich dabei jedoch stets sachlich, behalte einen freundlichen Umgangston bei und gehe auf die Vorwürfe, die Dir und Deinem Unternehmen gemacht werden, ein.

3. Animiere Deine Mitarbeiter*innen dazu, die Äußerungen, die in den Rezensionen von Kund*innen oder auch in Vorwürfen zu vernehmen sind, ernst zu nehmen. Erachte die Benotung Deines Unternehmens darüber hinaus lieber als ein Feedback, nach dem Du Dich richten kannst.

4. Du stößt auf Kund*innen, die begeistert sind? Dann spricht nichts dagegen, dass Du direkt auf diese zugehst und sie darum bittest, die Erfahrungen, die sie mit Deinem Unternehmen gemacht haben, auf einem Portal für Bewertungen festzuhalten.

Was aber tun, wenn die Bewertungen, die Du über Dich finden kannst, tatsächlich negativ ausfallen? Im Grunde genommen musst Du Dir bewusst machen, dass Du mit Deiner Präsenz im Internet auch damit rechnen musst, dass ein Urteil von Kund*innen auf Dich hereinprasseln wird – so gilt im Internet schließlich die Meinungsfreiheit. Diese bedeutet für Dich aber auch, dass eine Unterbindung sowohl von der Nennung von Mängeln als auch negativ gestimmten Bewertungen schlichtweg nicht möglich ist. Das heißt Kund*innen haben eben nicht nur die Möglichkeit, Dir ein Lob auszusprechen, sondern ebenso auch ihren Unmut und ihrer Kritik eine Stimme zu verleihen.

Der Gesetzgebung entsprechend gibt es einen sogenannten Löschungsanspruch. Dieser ist allerdings an gewisse Voraussetzungen gebunden und nur unter diesen berechtigt. So kann er nur dann geltend gemacht werden, wenn in den Bewertungen Deiner Kund*innen entweder Behauptungen über Tatsachen fallen, die nicht der Wahrheit entsprechen oder aber dann, wenn es zu einer Grenzüberschreitung hinsichtlich der Strafbarkeit aufgrund von Beleidigungen, Diffamierungen, Schmähkritik oder auch Verleumdung kommt. Von einer Schmähkritik ist in diesem Zusammenhang dann die Rede, wenn die Kritik lediglich mit dem Zweck verfasst wird, Dein Unternehmen oder sogar Dich als Person in ein schlechtes Licht zu rücken und die Bewertung keinerlei Aussagen sachlicher Art enthält.

Wirst Du mit einer etwaigen Form konfrontiert, so ist es unabdingbar, dass Du möglichst zügig handelst und dennoch eine gute Kommunikation beibehältst. Natürlich werden Dich negative Bewertungen oftmals verärgern, da Du sie womöglich sogar als unberechtigt ansiehst – jedoch sind diese Bewertungen häufig im Rahmen der Legalität und lassen sich dementsprechend nicht löschen. Und selbst wenn Du einen

Anspruch auf Löschung geltend machen kannst, kann einige Zeit ins Land ziehen, bis dieser umgesetzt wird – nicht selten sogar so lange, bis bereits eine Rufschädigung eingetreten ist. Umso wichtiger ist es, dass Du versuchst, Deinen Kund*innen so schnell es geht wieder zu besänftigen. Diesbezüglich gibt es auch einige Tipps, die ich Dir zum Vorgehen mit an die Hand geben möchte:

- **Erstelle einen Screenshot.**

In erster Linie ist es wichtig, das Ganze zu dokumentieren, um später einen Nachweis zu haben, der rechtlich wirksam ist. Hierfür ist es am sinnvollsten, wenn Du einen Screenshot der entsprechenden Bewertung Deiner Kund*innen anfertigst. Dies ist grundsätzlich ein Schritt, den Du immer als allererstes tätigen solltest, denn nicht selten kannst Du nicht vom ersten Augenblick an konkret einschätzen, ob Du letztlich mit rechtlichen Schritten gegen jene Bewertung vorgehen wirst.

- **Verfasse eine Gegendarstellung.**

Das effektivste Mittel, was sich Dir anbietet, um eine weitestgehend eindämmende Wirkung gegenüber der Imageschädigung zu erzielen, besteht in einer souveränen Gegendarstellung – und zwar vollkommen unabhängig davon, ob für die Bewertung ein Anspruch auf Löschung bestehen mag oder auch nicht. Bei der Gegendarstellung solltest Du Wert darauflegen, diese möglichst höflich und freundlich, zeitgleich aber auch entwaffnend und sachlich zu formulieren, während Du im Rahmen der Gegendarstellung die Tatsachen wieder klarstellst. Selbst dann, wenn ein Anspruch zur Löschung der entsprechenden Bewertung besteht, wird es nicht immer möglich sein, diesen auch unmittelbar durchzusetzen. Es gibt sogar Fälle, in denen Du womöglich davon ausgehen könntest, dass ein Anspruch zur Löschung besteht und sich am Ende herausstellt, dass es noch nicht zu einer Überschreitung der Grenze im

Bezug auf Beleidigungen, Schmähkritik oder falsche Darstellungen von Tatsachen gekommen ist, sodass ein Löschen der Bewertungen gar nicht erst möglich ist.

- **Stelle einen Löschungsantrag bei den Betreiber*innen der entsprechenden Plattform.**

Solltest Du einen Anhaltspunkt dafür vorweisen können, dass sich auf einer Plattform falsche Behauptungen über Dich im Umlauf befinden oder gar Aussagen, die beleidigend sind, so hast Du die Möglichkeit, Dich an die Betreiber*innen der entsprechenden Plattform zu wenden – was Du auch unverzüglich tun solltest. Stelle dort einen Antrag darauf, die jeweiligen Bewertungen entweder abzuändern oder sie vollständig zu löschen. Gib den Betreiber*innen im Zuge dessen direkt auch eine Begründung mit an die Hand, dass das Ganze auch nachvollziehbar wird. Eine solche Begründung kann beispielsweise in einem Argument bestehen, mit dem Du die strafbare Beleidigung verständlich machst oder auch in einem Beleg darüber, dass es sich bei den Aussagen nicht um die Wahrheit handelt. Sollten die Bewertungen womöglich sogar anonym verfasst worden sein, so stellt der Kontakt zu den Betreiber*innen ohnehin die einzige Möglichkeit dar, die Einträge löschen zu lassen.

Sollten die Betreiber*innen der Seite Deinem Antrag nicht nachkommen, ist es wichtig, dass Du prüfst, ob Du möglicherweise sogar rechtlich gesehen einen Anspruch auf die Löschung hast. Sollte dem so sein, kannst Du den Betreiber*innen eine Frist setzten, mit der Du sie dazu aufforderst, die Löschung zu vollziehen. Am besten ist es, wenn Du Dir hierfür einen rechtlichen Beistand holst, um die Frist zu setzen und Dich im Fall der Fälle auch gerichtlich durchzusetzen.

- **Gehe gegen Deine Kund*innen beziehungsweise die Personen, die die Bewertungen verfasst haben, vor.**

Ungeachtet dessen, dass Du natürlich immer gegen die Betreiber*innen des entsprechenden Bewertungsportals vorgehen kannst, kannst Du zudem auch unmittelbar gegen die Person vorgehen, die die jeweilige Bewertung verfasst hat. Hierfür gibt es allerdings eine Voraussetzung, denn die Bewertung darf natürlich nicht anonym getätigt worden sein oder muss zumindest aufgrund von gewissen Angaben, die getätigt worden, zweifelsfrei auf die Person zurückzuführen sein. Ist diese Voraussetzung nicht erfüllt, so kann die entsprechende Person immerhin jederzeit behaupten, dass die Bewertung nicht von ihr stammt. Dementsprechend reicht es definitiv nicht aus, lediglich aufgrund einer zeitlichen Tendenz zu vermuten, wer die Bewertung verfasst haben könnte. Neben dem Durchsetzen des Anspruches auf Löschung kannst Du natürlich unter Umständen sogar Schadensersatzansprüche gegenüber den Verfasser*innen geltend machen. Wenn Du dies wünschst, so solltest Du Dir in jedem Fall anwaltlichen Beistand suchen.

- **Die gefälschten Bewertungen**

Es ist unbestritten, dass eine Vielzahl der Bewertungen, die sich im Internet tummeln, nicht echt sind und dementsprechend auch wirklich von Kund*innen stammen. Die Fälschung von Bewertungen kann einerseits im Interesse der Unternehmen selbst sein und andererseits auch in jedem der Konkurrenz. Achte diesbezüglich auf die folgenden Aspekte:

- **Die negativen Bewertungen**

In einigen Fällen veröffentlicht Deine Konkurrenz womöglich Bewertungen von „Kund*innen", die negative Inhalte umfassen über Dich – andernfalls kann es natürlich auch ein*e Kund*in sein, die tatsächlich verärgert ist und dementsprechend falsche Behauptungen aufstellt. Völlig egal, welcher der beiden Fälle nun eintritt, so solltest Du genau das befolgen, was Du in diesem Kapitel bereits über den Umgang mit negativen Bewertungen gelernt hast. Insbesondere dann, wenn die Bewertungen durch Deine Konkurrenz gefälscht werden, kann es schwierig sein, dies nachzuweisen. Solltest Du hier einen Verdacht schöpfen, erstellt direkt einen Screenshot jeder Aussage und versuche Recherchen anzustellen, deren Ergebnisse Du sorgfältig dokumentierst. Denn wenn Du genau dies nicht tust, wirst Du es schwer haben, diese Aussagen löschen zu lassen.

- **Die positiven Bewertungen und das verdeckte Eigenlob**

Auch wenn es sich vermutlich nach einem intelligenten Marketing-Trick anhören mag, Dir selbst einige positive, wenngleich fiktive, Bewertungen in den diversen Portalen zu verfassen, solltest Du dringlichst davon absehen – nicht nur, weil es nicht fair ist, sondern auch, weil es unzulässig und gar wettbewerbswidrig ist. Dies liegt daran, dass Eigenlob als Werbeaussage verstanden werden kann und dementsprechend als Werbung gekennzeichnet werden muss. Darüber hinaus täuschst Du potenzielle Kund*innen, indem Du vorgibst, eine Privatperson zu sein.

- **Die gekauften Bewertungen**

Tatsächlich gibt es heutzutage ein immer größer werdendes Angebot an Händler*innen, bei denen Du Bewertungen von Kund*innen käuflich erwerben kannst, um so zu einer Verbesserung Deiner Gesamtbewertung beizutragen. Das heißt Du bezahlst hier jemanden dafür, ein Produkt, was von Dir erworben wurde, bestenfalls positiv, zu bewerten. Im Gegenzug hierzu erhält die Person, die die Bewertung formuliert, das Produkt von Dir kostenlos oder zumindest zu einem vergünstigten Preis. Allerdings besteht auch genau hier ein Problem, was womöglich gern übersehen wird, denn Bewertungen, die vor dem Hintergrund der Bezahlung erfolgen, sind keineswegs unabhängig und ohne jegliche Beeinflussung, sodass sie eventuell nicht die Produkteigenschaften wiedergeben, die der Tatsache oder der ehrlichen Meinung der Person entsprechen. Das Oberlandesgericht in Frankfurt hat sich infolgedessen mit der Frage befasst, inwiefern es zulässig ist, Bewertungen zu kaufen.

Der Hintergrund dessen besteht darin, dass ein Händler im Internet seine Dienstleistung gegenüber Händler*innen im Internet offerierte, Rezensionen von Kund*innen zu verfassen und diese der Öffentlichkeit zugänglich zu machen, sofern dies gegen eine Bezahlung geschieht. Die betroffene Plattform ging gegen dieses Angebot vor und die damit verbundene Veröffentlichung von Bewertungen vor, die käuflich erworben wurden, da sie dies als unzulässig erachteten. Die Richter*innen, die über diese Klage urteilten, sprachen dieser jedoch nur zum Teil Recht zu. Vielmehr entschied das Oberlandesgericht Frankfurt, dass Bewertungen, die gekauft werden, zwar in die Irre führen können – allerdings nur, sofern diese nicht ausdrücklich mit einem Hinweis versehen werden.

Aus der Sicht der Richter*innen findet der Verstoß gegen den Wettbewerb aufgrund gekaufter Bewertungen nicht nur von Seiten der Online-Händler*innen statt, der die Bewertungen erwirbt, sondern gleichermaßen auch von Seiten der Dienstleister*innen, die die Bewertungen überhaupt erst anbieten. Denn letztere tragen mittels ihres Angebotes dazu bei, dass andere Online-Händler*innen einen Verstoß gegen den Wettbewerb begehen. Solltest Du also in Erwägung ziehen, Dir käuflich Bewertungen zu beschaffen, so ist es wichtig, dass Du diese ganz deutlich kennzeichnest. Dies kannst Du beispielsweise, indem Du sie mit einem „gekaufte Bewertung" betitelst oder aber ein „kommerziell beauftragte

Rezensionen" aufführst. Grundsätzlich besteht allerdings immer, und genau das solltest Du stets im Kopf behalten, die Gefahr, dass Bewertungen als irreführend erachtet werden. Zudem solltest Du Dich auch ehrlich fragen, wie solche gekauften Bewertungen auf Deine potenziellen Kund*innen wirken können.

- **Die Adwords, Keywords und Metatags- Fremde Rechte und die Transparenz**

Es gibt eine Vielzahl an Maßnahmen, die Du umsetzen kannst, um es einer Suchmaschine zu erleichtern, eine bestimmte Webseite besser und leichter zu finden. Für die Suchmaschinenoptimierung, kurz SEO, kannst Du ganz gezielt Schlagworte verwenden, die auch gerne als Keywords oder Metatags bezeichnet und von Suchmaschinen erkannt werden. Suchmaschinen ermöglichen es bei gewissen Keywords sogar Anzeigen zu schalten. Das heißt wenn Nutzer*innen im Internet die Suchmaschine aufrufen und einen speziellen Begriff eingeben, so wird Dein Webseitenauftritt in der Liste der Treffer als Anzeige oder aber sogar als separate Werbeanzeige angezeigt. Dementsprechend kann es auch von Interesse sein, wenn Du die Metatags ganz bewusst auf Deiner eigenen Webseite nutzt. Allerdings kann dies problematisch für Dich werden – und zwar genau dann, wenn es darum geht, dass Du hierfür auf fremde Markennamen zurückgreifst.

Um Dir aber ein Verständnis über die einzelnen Begriffe zu verschaffen:

- Unter den Adwords versteht man Werbeanzeigen, die abgetrennt sind. Das heißt es sind Anzeigen, die entweder über den Ergebnissen der Suche innerhalb der Suchmaschine oder aber unterhalb dieser angezeigt werden.

- Die Keywords beschreiben Begriffe beziehungsweise Schlagworte, die innerhalb der Suche über die Suchmaschine dazu führen, dass ein Werbeeintrag entweder unmittelbar in der Liste der Treffer oder aber als separate Werbeanzeige auftaucht.

- Bei den Metatags handelt es sich um Schlagworte, die Du auf Deiner eigenen Webseite innerhalb des Quelltextes verwendest.

Nun zurück zu den fremden Markennamen, denn bei diesen solltest Du bei der Verwendung als Keyword vorsichtig sein. Natürlich wirkt es überaus attraktiv, geschützte Bezeichnungen eines Unternehmens oder fremde Namen von Marken, die registriert wurden, als Keywords zu nutzen, da sie mit Deinen eigenen Produkten gut zusammenpassen – nicht zuletzt aber auch, da Du Profit aus der entstehenden Aufmerksamkeit schlagen kannst. Doch genau hier solltest Du vorsichtig sein, denn womöglich verletzt Du genau damit eine fremde Marke. Wenn dem so ist können daraus für Dich Schadensersatz- und Unterlassungsansprüche entstehen, ganz zu schweigen von den möglichen kostspieligen Abmahnungen oder gar Gerichtsverfahren. Deshalb gelten hinsichtlich der Markennamen vor allem zwei Dinge, die Du nicht außer Acht lassen solltest. So gelten sie als unzulässig, wenn sie innerhalb der Liste der Treffer als Eintrag erscheinen und als zulässig, wenn sie als separate Werbeanzeige auftauchen. Letzteres allerdings ebenfalls nur unter zwei Prämissen: So müssen Werbeanzeigen getrennt – und zwar entweder ober- oder eben unterhalb der Liste der Treffer – aufgeführt sein oder durch die Anbieter*innen unverkennbar als Anzeige gekennzeichnet sein, sodass direkt auf den ersten Blick ersichtlich wird, dass die Anzeige nicht von den Inhaber*innen der jeweiligen Marke geschaltet wurde.

Die größten Herausforderungen im Social Media Marketing

Nicht alles im Social Media Marketing läuft ohne Weiteres, sodass es bei dessen Einsatz durchaus zu der einen oder anderen Herausforderung für Dich kommen kann. Drei dieser Herausforderungen lernst Du in diesem Kapitel kennen.

1. Planst Du die Dinge nicht, wird sich auch kein Erfolg einstellen.

Zwischen dem Augenblick, in dem Du von Deinen Kund*innen das erste Mal wahrgenommen wirst bis hin zu dem Moment, wo sich die Person endgültig dazu entschließt, Dein Produkt zu erwerben, gibt es eine Vielzahl an Berührungspunkten mit dem Angebot, was Du offerierst. Der ganze Weg wird als sogenannte Customer Journey bezeichnet, wobei all die Berührungspunkte einen Einfluss darauf haben, ob die Entscheidung zum Kauf bestärkt oder aber gestoppt wird.

Das Social Media Marketing stellt in diesem Bezug ein Werkzeug unschätzbaren Wertes dar, mit dem es Dir gelingen kann, positiv auf die Kund*innen einzuwirken und sie auf diese Weise zu einem Kauf zu animieren. Dies wird Dir jedoch nur dann gelingen, wenn Du es schaffst, den richtigen Kanal auszuwählen und über diesen dann zu einem geeigneten Zeitpunkt die Kund*innen anzusprechen. Dementsprechend kannst Du auch beim Social Media Marketing, was an sich recht flexibel und durchaus schnelllebig ist, auf keinen Fall ein ausgeklügeltes Marketingkonzept vernachlässigen.

2. Sei vorsichtig, was den Umgang mit persönlichen Daten betrifft.

Die sozialen Medien werden mit dem Aspekt in Verbindung gesetzt, die Daten der Nutzer*innen in Unmengen zu sammeln. Aufgrund dessen, dass der Sitz der Unternehmen zumeist im Ausland liegt, gelten viele datenschutzrechtliche Bestimmungen für sie nicht – und Du selbst kannst die sozialen Medien eben nur dann nutzen, wenn Du den Nutzungsbedingungen vorab zustimmst. Dementsprechend bringen die sozialen Medien unweigerlich das Risiko mit sich, dass Du Deine persönlichen Daten nicht zwingend in Sicherheit wägen kannst. Auch für Dich als Unternehmer*in gilt in diesem Zusammenhang, dass Du unbedingt Vorsicht walten lassen solltest, was den Umgang mit Deinen Daten anbelangt. Überlege Dir also lieber zwei Mal, welche Informationen Du vielleicht lieber nicht in den sozialen Medien angeben solltest.

3. Vernachlässige nicht das klassische Marketing.

Das Social Media Marketing gilt als recht kostengünstig und kann schnell durchgeführt werden. Darüber hinaus erhältst Du durch die Nutzer*innen der sozialen Medien in der Regel ein reges Feedback, während die Ergebnisse des Social Media Marketings simpel gemessen werden können. Kaum verwunderlich also, dass sich die sozialen Medien insbesondere bei Gründer*innen größter Beliebtheit erfreuen. Doch auch, wenn Du das Social Media Marketing umsetzt, ist es wichtig, die klassischen Kanäle des Marketings nicht gänzlich aus den Augen zu verlieren. Denn auch über die klassischen Marketingkanäle gewinnst Du stetig neue Kund*innen für Dich, trägst zur Pflege Deines Images bei und steigerst zudem auch gleich noch Deinen Bekanntheitsgrad.

10 Tipps für das Social Media Marketing

Frühere Generationen haben ihr Leben den Medien angepasst – meine Generation erwartet, dass sich die Medien ihnen anpassen.

- Philipp Riederle

Du hast in all den Kapiteln bereits lernen können, was es mit dem Social Media Marketing auf sich hat und welche Aspekte mit diesem einhergehen. Sobald Du im Bereich der sozialen Medien zu arbeiten beginnst, betrittst Du einen persönlichen Bereich – und das nicht nur, weil Du die Verbindung zwischen Deiner Zielgruppe und Dir selbst stärken kannst. Du sprichst Deine Zielgruppe in den sozialen Medien per „Du" an – so wie es auf den sozialen Plattformen gängig ist.

Dein Social Media Marketing kannst Du grundsätzlich kosteneffizient aufbauen, immerhin kommt es auf die Inhalte an, die Du in den sozialen Netzwerken veröffentlichst. Ob Du dabei nun auf Bilder, Texte oder Videos zurückgreifst, bleibt Dir überlassen.

Im Folgenden gebe ich Dir zehn hilfreiche Tipps mit auf den Weg, die Du in den sozialen Medien beachten solltest:

1. **Verwende gezielte Informationen und binde Links ein.**

Für alle Inhalte, die Du in den sozialen Medien veröffentlichst, gibt es eine wichtige Sache, die Du niemals vergessen solltest – sei für Deine Zielgruppe von Relevanz und sorge dafür, ihnen die entsprechenden Mehrwerte zu vermitteln. Letzten Endes wird es Dir nur dann gelingen, Fans, Follower*innen und Likes für Dich zu gewinnen, wenn es Dir gelingt, das Interesse Deiner Zielgruppe zu wecken und ihren Geschmack zu treffen. Dies inkludiert darüber hinaus auch, dass Du über Deinen eigentlichen Beitragsinhalt hinaus einen bequemen Zugang zu weiteren Informationen oder auch spezifischen Angeboten ermöglichst. Am besten kannst Du hierfür Links verwenden, die Du explizit in Deine Beiträge einbaust.

2. **Lege Wert darauf, die Inhalte, die Du veröffentlichst, im richtigen Maße zu visualisieren.**

Entsprechend der Plattform, die Du für Dein Social Media Marketing aktiv nutzen möchtest, ist es wichtig, dass Du auch die Gestaltung Deiner Inhalte ansprechend gestaltest und an die Plattform anpasst. Zu der ansprechenden Gestaltung gehört auch, dass Du Bilder und Videos in ein entsprechendes Format bringst, Du einen kritischen Blick auf die Länge Deiner Texte wirfst und Du dafür Sorge trägst, dass ein Transport Deiner Marke, beispielsweise mithilfe eines prägnanten Logos, stattfindet.

3. **Strebe eine positive Kommunikation an.**

Das Ziel der sozialen Medien besteht darin, Dich austauschen zu können. Bei einem solchen Austausch solltest Du darauf achten, dass die Meldungen, die Du veröffentlichst, positiv wirken. Solltest Du einmal

Nachrichten zu verkünden haben, die womöglich nicht ganz so positiv sind, solltest Du in diesen Fällen dennoch ehrlich und offen bleiben.

4. Arbeite so, dass es auch für mobile Endgeräte geeignet ist.

Die meisten Nutzer*innen der sozialen Medien verwenden diese über ein mobiles Endgerät, wie beispielsweise ihr Handy. Dies solltest Du im Kopf behalten, um so eine mobilgerätfreundliche Optimierung vornehmen zu können. Im Übrigen bezieht sich dieser Umstand nicht ausschließlich auf die Beiträge, die Du in den sozialen Medien veröffentlichst, sondern ebenso auch auf die Webseiten, auf die Du mithilfe der in Deinen Beiträgen eingebundenen Links verweist.

5. Sei dankbar und zeige dies offen.

Der gute Ton, den Du mit Deiner Social Media Strategie anschlagen solltest, umfasst neben der Dankbarkeit auch die Höflichkeit und die Kritikfähigkeit. Sollte sich also einmal die Gelegenheit anbieten, dann solltest Du sie nutzen und Deinen Follower*innen gegenüber einen Dank aussprechen. Ein solcher Dank kommt nicht nur meist besonders gut an, sondern kann darüber hinaus auch dafür sorgen, dass die Bindung gestärkt wird.

6. Gehe auf Fragen ein.

Bringe Deine kommunikativen Fähigkeiten bei der Anwendung des Social Media Marketings so gut es geht ein. Wenn sich Diskussionen, Feedback oder Kommentare ergeben, so greife diese am besten gleich aktiv auf und achte auf einen entsprechenden Umgang mit ihnen. Umfassen sie ein Lob, so solltest Du am besten engagiert und offen auf dieses eingehen, ergibt sich wiederum Kritik so gehe auf dieses möglichst konstruktiv und sachlich ein.

7. Zeige Präsenz und sei aktiv.

Sei Dir darüber im Klaren, dass das Social Media Marketing nicht damit erledigt ist, Dir ein Profil in den sozialen Medien anzulegen. Vielmehr kommt es darauf an, dass Du dieses Profil auch pflegst. Worauf es hierbei ankommt, ist das richtige Maß an Pflege, denn hier solltest Du weder zu viele Beiträge veröffentlichen noch zu wenige. Außerdem ist es wichtig, dass Du herausfindest, wann sich die Veröffentlichung von neuen Inhalten zeitlich am besten anbietet. Hierbei kannst Du jedoch nicht pauschal auf alle Plattformen schließen, denn in diesen Hinsichten können sich die sozialen Plattformen durchaus voneinander unterscheiden.

8. Baue Dir eine Community auf.

Eine der wohl größten Herausforderungen im Zusammenhang mit dem Social Media Marketing besteht darin, Deine Follower*innen kontinuierlich dazu zu animieren, Kommentare zu verfassen und Likes zu hinterlassen. Dementsprechend sollte eines Deiner Ziele ganz klar darin bestehen, Dir eine Community aufzubauen, die stets aktiv bleibt und auf diese Weise auch die Neugier von Interessent*innen weckt.

9. Sei aufmerksam und beobachte.

Wenn Du das Social Media Marketing nutzt, so wirst Du stetig neue Dinge lernen. Es ist sogar nicht unwahrscheinlich, dass Du womöglich heute noch erfolgreich Dinge anwendest, die morgen bereits passé sind. Um Veränderungen möglichst früh erkennen zu können, solltest Du aufmerksam bleiben und ganz genau beobachten, wie sich sowohl Deine eigene Community als auch Deine Mitbewerber*innen verhalten. Die Erkenntnisse, die Du im Rahmen dieser Beobachtungen für Dich gewinnst, kannst Du dann effektiv nutzen, um Deine Werbemaßnahmen sowie die Strategien Deines Marketings gezielt weiterzuentwickeln.

10.Versuche Dich stets authentisch zu präsentieren.

Sieh davon ab, dass Du in den sozialen Medien unehrlich bist – das wird sich für Dich keinesfalls auszahlen. Vielmehr solltest Du darauf achten, dass Dein Auftritt so authentisch wie nur möglich ist. Auch solltest Du Wert darauflegen, dass das Niveau der Ansprache gegenüber Deiner Zielgruppe sowie auch die Art und Weise, wie Du mit Deiner Community kommunizierst, gleichbleibt oder Du es sogar noch verbesserst.

Abschließende Worte

In diesem Ratgeber hast Du all die Informationen erhalten, die Du für ein erfolgreiches Social Media Marketing benötigst – nun liegt es an Dir, die erhaltenen Informationen in die Tat umzusetzen, um so Deine Community zu vergrößern und einen höheren Umsatz und somit auch Gewinn zu generieren. Dank dieses Ratgebers weißt Du nun, was das Social Media Marketing eigentlich ist. In diesem Zusammenhang hast Du erfahren, welche Einsatzfelder das Social Media Marketing umfasst inklusive des Content Marketings, des Influencer Marketings, der Social Ads, dem Social Listening, dem Social Selling, dem User-generated Content und dem viralen Marketing. Außerdem weißt Du nun, welche Arten des Social Media Marketings es gibt, welche Kosten Du für dieses einplanen und welchen Zeitaufwand Du in das Social Media Marketing investieren musst, damit es wirklich erfolgreich funktionieren kann.

In einem weiteren Kapitel hast Du erfahren, welche Vorteile das Social Media Marketing mit sich bringt und warum Du es demzufolge auf gar keinen Fall in Deinem eigenen Unternehmen vermissen lassen solltest.

Du konntest Dich darüber belesen, welche Hintergründe hinter dem Social Media Marketing stehen und hast folglich erfahren können, welchen Einfluss das Social Media Marketing auf die Bindung zu Deinen Kund*innen hat, welche Effektivität das Social Media Marketing mit sich bringst, warum Du es unbedingt nutzen solltest und für wen das Social Media Marketing sich rentiert. Zudem hast Du erfahren, welche Förderungen Du für das Social Media Marketing erhalten kannst und welche Ziele Du mit diesem eigentlich verfolgen kannst.

In einem weiteren Kapitel konntest Du Dich mit den Aspekten befassen, auf die Du im Rahmen des Social Media Marketings unbedingt achten solltest. Diesbezüglich hast Du Dich näher mit Deiner Zielgruppe inklusive der User Sedcard und den Typen der Nutzer*innen der sozialen Medien beschäftigen können sowie auch mit dem richtigen Kanal einschließlich einer statistischen Übersicht, Facebook, Instagram, LinkedIn, Pinterest, Snapchat, TikTok, Twitter und YouTube. Das erworbene Theoriewissen gilt es schlussendlich in die Praxis umzusetzen, womit Du Dich im folgenden Kapitel auseinandersetzen konntest. So hast Du gelernt, wie es Dir gelingt, eine erfolgreiche Social Media Marketing Strategie zu entwickeln und richtig in das Social Media Marketing einzusteigen. Auch hast Du die Kennzahlen kennengelernt, die es im Social Media Marketing gibt und wie Du Deinen Erfolg letztlich messen kannst.

Außerdem hast Du erfahren können, welche Chancen und Risiken mit dem Social Media Marketing einhergehen sowie welche Rahmenbedingungen mit diesem einhergehen. Diesbezüglich kennst Du nun die rechtlichen Rahmenbedingungen hinsichtlich des Social Media Marketings an sich und den Bewertungen von Kund*innen sowie die größten Herausforderungen, die sich Dir im Social Media Marketing stellen können.

Als Bonusinhalt hast Du zehn hilfreiche Tipps an die Hand bekommen, die Du im Social Media Marketing berücksichtigen solltest, um mit diesem wirklich auch nachhaltig erfolgreich zu sein.

Wenn Dir mein Ratgeber gefallen hat, würde ich mich sehr über ein ehrliches Feedback von Dir freuen!

Moderne Markenführung heißt: Netzwerke und herrsche!

- Oliver Herme

Haftungsausschluss

Der Inhalt dieses Buches wurde mit großer Sorgfalt geprüft und erstellt. Für sämtliche Inhalte kann jedoch keine Garantie übernommen werden. Dies gilt weder für die Richtigkeit, Vollständigkeit, noch Aktualität der Inhalte. Alle enthaltenen Informationen basieren lediglich auf die eigene Meinung und persönliche Erfahrung des Autors. Der Inhalt darf keinesfalls als medizinische Hilfe gesehen werden. Für selbstverursachte Schäden und Fehlhandlung des Lesers wird daher keine juristische Haftung Seitens des Autors übernommen. Zudem garantiert der Autor keinerlei Erfolge mit dem im Buch erwähnten Informationen, da diese wie oben genannt nur auf persönliche Erfahrung des Autors basieren und lediglich als Unterhaltung diesen sollen. Die Verantwortung für die im Buch beschriebenen Ziele liegt einzig und allein beim Leser selbst. Gleichzeitig wird keine Haftung auf den im Buch angegebenen Quellen und externen Webseiten übernommen. Für all diese Inhalte ist einzig und allein der jeweilige Webseitenbetreiber verantwortlich, weshalb der Autor automatisch von einer Haftung ausgeschlossen ist.

Impressum

1. Auflage 2022

Kontakt: Maury Pena, Karlstraße 22, 71229 Leonberg

Coverfoto: fiverr

ISBN: 9798814339508